AU CŒUR DU Z

WWW.EDITIONSGOUTTEDOR.COM

CONCEPTION GRAPHIQUE : CLÉMENT BUÉE
CORRECTION : FANNY LEBORGNE
CRÉATION DE LA MAQUETTE : ALICE ANDERSEN
COMPOSITION : AURÉLIE CARPENTIER
ISBN : 979-10-96906-33-8

AU CŒUR DU Z

VINCENT BRESSON

ÉDITIONS GOUTTE D'OR

NOTE DES ÉDITEURS

Septembre 2021. Le journaliste indépendant Vincent Bresson nous contacte avec un projet en tête : infiltrer la campagne électorale d'Éric Zemmour.

De prime abord, l'idée nous interpelle. Quel meilleur moyen y aurait-il pour tenter de comprendre cette candidature annoncée qui bouscule le paysage politique français ? C'est une première en France : un journaliste médiatique d'extrême droite, sous couvert d'une « tournée littéraire[1] », remplit bientôt des Zénith et provoque chez son public une ferveur hors norme.

1. Éric Zemmour y présente son nouveau livre, *La France n'a pas dit son dernier mot* (autoédité aux éditions Rubempré).

Que savons-nous de cet homme qui, à cette époque, ne se déclare pas encore candidat, mais semble déjà en campagne ?

Nous savons qu'il s'agit d'un polémiste condamné à deux reprises pour « provocation à la haine raciale », qu'il défend une théorie – née sous la plume de Renaud Camus, écrivain et militant d'extrême droite – selon laquelle l'immigration extra-européenne imposerait un « grand remplacement » de la population française. Que, d'après ses écrits et ses déclarations, l'un des trois monothéismes serait en guerre contre la France : « Il est vital de répondre à la guerre de civilisations menée sur notre sol par l'islam, mais il n'y a personne pour y répondre », s'indigne-t-il dès 2016[2]. Nous savons également qu'il se dit favorable à la peine de mort. Qu'il pense que les juges et les journalistes auraient de concert volé la démocratie. Qu'il assure respecter la République et ses institutions, mais souhaite tout de même faire prévaloir « la France » sur le droit[3].

2. Éric Zemmour, *Un quinquennat pour rien*, Albin Michel, 2016.

3. Dans la conclusion de son dernier ouvrage, *La France n'a pas dit son dernier mot*, Éric Zemmour laisse entendre que, au-dessus des lois, il y a quelque chose qu'il appelle « la France » : « L'État de droit et l'Union européenne ne sont pas une fin, mais un moyen. Le général de Gaulle avait établi l'ordre des priorités : "D'abord la France, ensuite l'État, enfin le droit." Depuis des décennies, nous avons retourné

Ces positions radicales montrent à quel point le sujet est d'intérêt public.

Cependant, en tant qu'éditeurs, nous avons un doute : le calendrier étant serré, comment savoir si le journaliste arrivera au bon poste d'observation en si peu de temps ? Face à cette incertitude majeure, nous déclinons la proposition de livre. Mais Vincent Bresson insiste : « Attendez encore quelques semaines, je veux tenter quelque chose. »

Le jeune journaliste suit alors son intuition. Selon lui, la dynamique du futur candidat repose en grande partie sur l'armée de jeunes cerveaux qui l'entourent. Des militants fervents, rompus aux codes d'Internet, déterminés et toujours plus nombreux. Ces jeunes surnomment leur idole « le Z » et se baptisent en conséquence « Génération Z », « GenZ » ou « GZ ». Ils viennent majoritairement de la droite et de l'extrême droite, plus rarement de la gauche. Qui sont-ils ? Qu'est-ce qui anime leur engagement politique ? Ont-ils, eux qui représentent la vitrine

---

la hiérarchie gaullienne : d'abord le droit, ensuite l'État, enfin la France. Notre devoir est de la remettre sur ses pieds. Seul ce rétablissement nous donnera les moyens d'arrêter les vagues migratoires qui, depuis des décennies, submergent notre territoire et notre peuple. »

du mouvement, des obsessions contre une partie de la population française ? Quelles sont leurs méthodes de propagande électorale ? Vincent Bresson se dit qu'il tient là le sujet de son livre.

À 27 ans, il dispose de quelques atouts pour faciliter sa démarche d'infiltration : il est jeune, blanc, diplômé, il a été baptisé et élevé dans des valeurs catholiques. Enfin, son prénom figure dans le calendrier chrétien, une donnée appréciée par Éric Zemmour. Finalement, il incarne le profil rêvé du militant GenZ.

Sous un faux nom – Vincent Bresson devient Vincent Carayon –, il s'inscrit sur le site de Génération Z. À partir de là, l'infiltration se déroule plus vite et va plus loin que prévu. Le projet de livre *Au cœur du Z* est lancé.

Dès son premier collage avec des GenZ, un militant emploie le terme « Nègres » sans susciter la moindre réaction de ses camarades. Un autre jour, alors qu'un livreur noir dépose des tracts pro-Zemmour, l'un des militants plaisante auprès d'autres jeunes zemmouriens : « S'il savait ce qu'il transporte ! » En plein QG de campagne, un responsable de la sécurité signifie à un autre militant d'origine arabe qu'il ne pourrait pas lui vendre son appartement, « avec [sa] tête »... Les dérapages se multiplient. Le 5 décembre 2021, par un coup du hasard, Vincent Carayon se rend au meeting de Villepinte dans une voiture estampillée « VIP » et conduite par l'un des bras droits du Z, l'ex-préfet Gilbert Payet[4], accompagné de Sophie Calvel, secrétaire personnelle du candidat. Depuis la banquette arrière qu'il occupe, le journaliste entend les deux proches du Z appeler « Mamadou » des hommes travaillant dans les parkings du parc des expositions, car ces hommes sont noirs.

Tout au long de l'immersion, de la base jusqu'au sommet du mouvement, un problème de racisme se dessine chez certains membres du parti politique baptisé « Reconquête ! ». Sans que personne ne s'en offusque.

À mesure que l'infiltration avance, Vincent gagne en responsabilités dans la campagne. Sur une initiative de Stanislas Rigault, président de GenZ, et sans avoir à montrer le moindre papier justifiant sa nouvelle identité (papier dont « Vincent Carayon » ne disposait de toute façon

---

4. Alors conseiller juridique et technique du candidat, Gilbert Payet a ensuite été promu mandataire financier de la campagne.

pas), le néo-militant se voit rapidement confier les clés du QG du candidat à la présidentielle afin de garder le local, seul certaines nuits, et d'assurer l'accueil certains jours. Il observe alors depuis le saint des saints la campagne prendre son envol.

Toujours sans le moindre contrôle de son identité, Vincent intègre une cellule numérique fantôme baptisée « WikiZédia », composée d'une dizaine de militants. L'objectif de celle-ci est – selon sa propre terminologie – de « zemmouriser » les pages Wikipédia liées à leur candidat. L'un de ces militants tente par exemple de relativiser le rôle de Pierre Laval et du maréchal Pétain dans la Shoah en France ; tous s'évertuent à insérer nombre de points de vue partisans défendant le Z. Cette cellule est patronnée directement par Samuel Lafont, directeur de la stratégie numérique d'Éric Zemmour. Quand on sait que, selon les chiffres fournis par Wikipédia[5], la page la plus consultée en France en 2021 est justement celle d'Éric Zemmour, ces stratégies souterraines ne sont pas sans conséquences. Une chose est déjà certaine : pour la première fois, on s'aperçoit qu'un candidat à

5. La fondation Wikimédia a publié un tableau indiquant que la page « Éric Zemmour » a été la plus consultée sur l'ensemble de l'année 2021, avec 5,2 millions de vues.

l'élection présidentielle dispose d'une cellule fantôme qui fait peu de cas des règles de neutralité et de bonne foi requises par l'encyclopédie en ligne.

Sur un autre front numérique, Vincent découvre que Samuel Lafont génère des mobilisations massives sur Twitter et sur Facebook grâce à des militants rassemblés dans le groupe « J'agis pour Zemmour ». Ces derniers sont disposés à suivre diverses méthodes dictées par le stratège de la campagne numérique du Z. Les militants zemmouriens sont par exemple poussés à s'infiltrer dans une quantité astronomique de groupes du réseau social (ceux des fans de Johnny Hallyday, de La France insoumise, des supporters de Lens…). Sans mentionner leur appartenance militante, ils commentent et tweetent frénétiquement, donnant ainsi l'illusion du nombre. Par leur activisme tous azimuts, ils génèrent parfois des articles de presse évoquant… la forte mobilisation en ligne en faveur d'Éric Zemmour.

Le point commun de toutes ces stratégies : elles ne sont jamais assumées publiquement. Ces manœuvres cherchent à créer une distorsion de la réalité et, selon les mots d'un administrateur de Wikipédia interrogé dans ce livre, « à faire passer des opinions minoritaires pour des opinions majoritaires ».

L'immersion de Vincent Bresson est une plongée en eaux profondes dans le réacteur de la propagande zemmourienne. Notre journaliste touche du doigt une partie secrète de la bataille du Z, et met ainsi au jour une machinerie politique où l'information se manipule, où le vrai et le faux comptent moins que la conquête du pouvoir. Plus qu'une campagne politique, *Au cœur du Z* raconte une croisade.

INTRODUCTION

Je suis souvent à côté de la plaque. Le coronavirus se répand en Chine ? Mais non, nous ne risquons rien, nous avons l'un des meilleurs systèmes de santé au monde ! Trump élu président des États-Unis ? Impossible ! Les premières rumeurs de février 2021 autour d'une candidature d'Éric Zemmour ? N'importe quoi !

Quand, en juin 2021, des affiches « Zemmour président » fleurissent sur les murs de villes comme Paris, Limoges ou Saint-Rambert-en-Bugey, je pense, au fond de moi : « Simple plaisanterie de quelques fans du polémiste. » Et, à la limite, admettons qu'Éric Zemmour se présente : il ferait combien, 5 %, au maximum ? Pour être présidentiable, il faut tout un appareil politique, un parti, des soutiens, de l'argent, un projet politique global et pas seulement identitaire… En plus, Marine Le Pen occupe déjà plus ou moins ce créneau. Bref, une nouvelle fois, comme beaucoup de personnes, ma conviction était faite.

Mais patatras. À l'été 2021, le polémiste fait irruption dans les enquêtes d'opinion pour la présidentielle 2022. Fin août, il est déjà crédité de 7 % des voix par un sondage Ipsos[1]. Le 16 septembre, son livre *La France n'a pas dit son dernier mot* sort en librairie. Une frénésie journalistique hors du commun se déploie alors autour du potentiel candidat. Une enquête de l'observatoire des médias Acrimed intitulée « Zemmour : un artefact médiatique à la une » révèle que, du 1er au 30 septembre 2021, on dénombre 4 167 occurrences de « Zemmour » dans la presse française, soit en moyenne… 139 occurrences par jour. Toujours au cours de ce même mois, huit hebdomadaires nationaux (*Marianne*, *Le Figaro Magazine*, *Le Point*, *Challenges*, *Le Journal du Dimanche*, *Paris Match*, *VSD* et *Valeurs actuelles*) lui consacrent leur une. Côté radios et chaînes

1. Ce sondage, commandé par Libres, le mouvement de Valérie Pécresse, a été réalisé auprès de 2 000 personnes inscrites sur les listes électorales, représentatives de la population française âgée de 18 ans et plus.

de télé, Acrimed recense pas moins de seize passages durant le mois de septembre, soit une intervention tous les deux jours[2]. Cette omniprésence porte ses fruits : selon un nouveau sondage[3] rendu public le 1er octobre 2021, les intentions de vote pour le polémiste (officiellement toujours pas candidat) passent à 15 %. Soit « l'effet d'une "bombe" à droite », écrit le journal *Midi Libre*[4].

Au cours de ce mois improbable, je change mon fusil d'épaule : quelque chose se passe, et je veux suivre ça au plus près. Mais comment m'y prendre ? Comme avec Trump, le phénomène Zemmour échappe aux grilles de lecture politiques et médiatiques habituelles. Pourquoi, de

---

2. Grands médias audiovisuels ayant invité Éric Zemmour au cours du mois de septembre 2021 : *Touche pas à mon poste !* (C8), par deux fois (et par ailleurs, Cyril Hanouna évoque Éric Zemmour chaque soir), *On est en direct* (France 2), *L'Heure des pros* (CNews), *L'Invité d'Alba Ventura* (RTL), *Bourdin direct* (BFM TV et RMC), *L'Invité de Laurence Ferrari* (CNews), *Le Débat Jean-Luc Mélenchon - Éric Zemmour* (BFM TV), *Le Grand Rendez-Vous* (CNews et Europe 1), *Elkrief 2022* (LCI), *Le Petit Déjeuner politique* (Sud Radio), *Restons zen* (Paris Première), « La fusée Zemmour » (entretien vidéo avec *Valeurs actuelles*), *Les Grandes Gueules* (RMC et RMC Story).

3. Sondage Ipsos-Sopra Steria pour France Info et *Le Parisien-Aujourd'hui en France* réalisé par Internet les 29 et 30 septembre 2021, auprès d'un échantillon représentatif de 1 500 Français âgés de 18 ans et plus inscrits sur les listes électorales.

4. « Présidentielle 2022 : Zemmour à 15 %, le sondage qui fait l'effet d'une "bombe" à droite », *Midi Libre*, 1er octobre 2021.

prime abord, personne n'y croit ? D'où vient ce gouffre entre le mépris affiché par ses adversaires et la ferveur de ses partisans ?

Les extrêmes en politique m'ont toujours fasciné. Moi qui n'ai jamais voté, je me suis toujours demandé ce qui poussait quelqu'un à s'investir, à militer, à se donner corps et âme pour un parti politique. En observant la montée en puissance du mouvement autour d'Éric Zemmour, la place occupée par les jeunes saute aux yeux. Eux qui surnomment leur leader « le Z » dopent son influence. Ils semblent même être, par certains aspects, le vrai moteur du polémiste-presque-candidat. Ils œuvrent activement pour créer les codes et la mythologie de la candidature qui s'annonce, à travers des campagnes de collage dans les rues, mais aussi sur les réseaux sociaux, notamment à coups de tweets, de vidéos virales et de mèmes, ces détournements d'images à l'humour corrosif. Cette jeunesse s'est auto-baptisée « GenZ » pour « Génération Z ». Ce sera mon point d'entrée dans la campagne du Z.

Première décision, je garde mon prénom – Vincent – pour être sûr d'activer ce réflexe primaire : réagir quand quelqu'un m'interpelle. En plus, il figure sur le calendrier des saints, en référence à Vincent de Saragosse, un martyr chrétien du IVe siècle qui, dit-on, aurait supporté la torture de ses bourreaux en chantant et en se moquant d'eux. Bêtement, ce détail me rassure, alors qu'Éric Zemmour a annoncé vouloir rétablir, s'il était élu, la loi de 1803 imposant de choisir les prénoms parmi « les noms en usage dans les différents calendriers, et ceux des personnages connus de l'histoire ancienne ».

Pour le reste, me voilà un homme nouveau, avec un nouveau nom de famille emprunté à un ami d'enfance : « Carayon ». J'endosse également de nouvelles convictions politiques : le « grand remplacement » m'habite, et je m'inquiète de l'insécurité croissante dans mon pays décadent. Il va falloir y remédier. Vite. Et seul Éric Zemmour a le cuir suffisamment solide pour prendre les dispositions qui s'imposent.

J'engloutis des vidéos de l'ancien journaliste du *Figaro*, ses sorties les plus virales dans l'émission *On n'est pas couché* sur France 2, ses chroniques sur RTL, ses emportements dans le talk-show *Zemmour et Naulleau* sur Paris Première, ses éditos à rallonge dans *Face à l'info* sur CNews, et j'en passe.

Je dispose désormais des bases de la culture Z. Il est temps que je me lance.

CHAPITRE 1

PEINE DE MORT

Le 15 septembre 2021, pour la sortie de son livre *La France n'a pas dit son dernier mot*, à paraître le lendemain, Éric Zemmour est invité par Jean-Jacques Bourdin sur BFM TV et RMC.

— Aujourd'hui, vous rétabliriez la peine de mort ou pas ?
— Je ne pense pas qu'on ait bien fait d'abolir la peine de mort.
— Vous êtes favorable à la peine de mort ?
— Philosophiquement, oui. Vous savez, une majorité de Français est favorable à la peine de mort, encore aujourd'hui. On l'a abolie, alors qu'une majorité de Français étaient pour la peine de mort. Je pense d'ailleurs que, vous savez, quand on va exécuter les terroristes du Bataclan en Syrie sur ordre

de François Hollande, on a rétabli la peine de mort. Donc, on le fait sans le dire. Maintenant, c'était un symbole, la peine de mort, c'était, vous savez, le sommet de la hiérarchie des peines.

— Oui.

— Mais c'est pas d'après moi quelque chose qu'on va faire tout de suite. Il y a d'autres priorités.

CHAPITRE 2

« ENGAGE-TOI »

Mercredi 22 septembre, je lance mon infiltration. Je me connecte au site de Génération Z, où la tête d'Éric Zemmour est exposée sous toutes les coutures. Je me rends dans la partie « Engage-toi » et remplis un formulaire. Les informations demandées : nom, prénom, occupation actuelle, éventuel passé de militant et autres compétences particulières. Le document complété, je n'ai plus qu'à attendre qu'on me contacte. Dans les heures qui suivent, mon téléphone ne cesse de vibrer pour me rappeler les offres de rechargement de crédit alléchantes liées à mon nouveau forfait. Cet iPhone, réservé à Vincent Carayon, mon double zemmourien, est paradoxalement bien plus performant que mon vieil Android, prêt à rendre l'âme à tout moment.

En attendant de pouvoir m'investir davantage dans la précampagne d'Éric Zemmour, je zone sur le Discord de Génération Z. Discord est à la base un canal de discussion créé pour les joueurs de jeux vidéo. La plateforme de messagerie instantanée s'est ensuite ouverte à tous, mais elle demeure prisée par les geeks, donc plutôt les jeunes. Ce soir, le canal « général » du Discord de Génération Z est particulièrement animé, en raison d'un débat entre Éric Zemmour et Jean-Luc Mélenchon diffusé par BFM TV. Le leader de la France insoumise peine à progresser dans les sondages. À quelques heures du débat, une enquête Odoxa[5] crédite le tribun de la gauche radicale de 8 % des intentions de vote, quand l'ancien journaliste en rassemble 10 % alors qu'il n'est pas encore officiellement candidat.

Dans la conversation entre zemmouriens sur Discord, il y a ceux qui commentent tous les rebondissements du débat comme s'il s'agissait d'un match de foot. D'autres conversent, comme « Sim », qui certifie à « Tarconnii » que « l'aviation pollue que dalle, les voitures polluent dix à quinze fois plus que les avions. [...] Le secteur

5. Sondage Odoxa-*L'Obs* réalisé par Internet les 22 et 23 septembre 2021, auprès d'un échantillon représentatif de 1 005 Français âgés de 18 ans et plus, dont 886 inscrits sur les listes électorales.

aérien est ultra-écologique, chaque truc est optimisé pour ne pas polluer. »

La majorité des utilisateurs semblent s'accorder pour dire que Zemmour l'a emporté ce soir. Le message de la soirée qui récolte le plus d'émoticônes positives, signes d'approbation, n'est pas une analyse, mais une déclaration de tendresse déposée par un certain « JFract » : « Je suis heureux d'être dans votre communauté, je ne me sens plus seul, vraiment merci. Sans exception, vous êtes tous adorablement gentils et à l'écoute, vraiment ça me choque. Ce soir, nous avons assisté à l'ascension du Grand et Magnifique Éric Zemmour ! »

*

Trois semaines après mon inscription sur le site Génération Z, je reçois enfin un SMS : « Salut à toi, je suis Tristan[6] et je bosse avec Génération Z ! J'ai vu que tu avais rempli le fichier militant. Pourrais-tu par retour de SMS me dire en quelques mots ce que tu fais dans la vie et ce que tu aimerais apporter au mouvement ?

6. Tous les prénoms ont été modifiés, à l'exception des personnes disposant d'une exposition publique.

Par ailleurs, je t'invite à télécharger l'application Telegram pour que je puisse t'intégrer dans la conversation Île-de-France. À bientôt. »

Je prépare ma réponse en pesant chaque mot. Avant d'appuyer sur la touche d'envoi, je me relis encore et encore : « Salut Tristan ! Content d'avoir ton message, je commençais à désespérer un peu. Je suis diplômé depuis deux ans dans la com' et aujourd'hui je suis dans les relations presse. En gros, je rédige des communiqués de presse ou j'aide des boîtes à entrer en contact avec la presse pour diffuser un message. Et justement, comme compétences, j'imagine que ça peut être utile pour Génération Z. J'aimerais bien rédiger des articles pour le site. Sinon, je suis un grand fan de mèmes, au besoin haha. Après j'aimerais faire tout ce qui peut aider : tracter, coller des affiches, bref militer avec vous. Tout ce qui peut être utile ne me dérange pas, étant convaincu qu'on peut aider Zemmour à gagner dans quelques mois. Je télécharge Telegram dans ce cas. À très vite et bonne soirée ! » Je valide et j'envoie ma réponse.

Rapidement, Tristan me dit qu'il note mon appétence pour la rédaction et m'ajoute à « GZ / Île-de-France », une boucle de conversation de la messagerie cryptée Telegram. Cette première boucle me permet d'en rejoindre une deuxième. Puis trois. Puis six.

Une petite semaine après mon intégration dans ces divers salons virtuels, un dénommé Nathan propose une session de collage d'affiches dans les rues du sud de Paris. Rendez-vous le mercredi 13 octobre à 23 h 30 au métro Place-d'Italie.

CHAPITRE 3

PREMIER COLLAGE

Mercredi 13 octobre, 20 heures. Quelques heures avant le collage, je retrouve mon frère et des amis à lui dans un restaurant végétarien – je m'adapte à leur régime alimentaire. « Alors Manu, tu nous as fait perdre des points hier ! » le raille d'entrée son amie Emma. « De quoi vous parlez ? » je les questionne. Emma et mon frère esquissent un sourire. « On a installé une application qui décompte des points en fonction de ta consommation et de ton mode de vie des deux dernières semaines. Le but, c'est d'être le plus écolo possible pour avoir un bon score et battre l'équipe adverse. » Or, la veille, mon frère a mangé avec moi de la viande dans une brasserie parisienne. Une conduite immédiatement pénalisée par l'application.

La scène me fait sourire. Me voilà avec un groupe de jeunes écolos de gauche. Et, dans trois heures, je serai avec une bande d'étudiants pro-Zemmour. Deux groupes, presque deux France. Mais, au cœur des discussions, le même homme qui fait parler de lui en pointant « l'idéologie écolo-végan[7] » ou en proposant d'imposer des « prénoms français[8] » pour garantir l'assimilation. « Vous y croyez, vous, à Zemmour au second tour ? » demande Emma. Les derniers sondages le placent désormais aux environs de 15 % des intentions de vote au premier tour. Autour de la table, personne ne veut y croire. La discussion glisse sur le candidat des Verts, Yannick Jadot, puis sur les supermarchés Biocoop et la plate-forme « La Ruche qui dit oui ».

Le repas terminé, j'enfourche un Vélib' et regagne mon appartement de pigiste voué à vivre en colocation en périphérie de Paris. J'y récupère un balai-brosse pour coller les affiches de la soirée, que je coince dans mon écharpe Harry Potter pour le maintenir contre mon dos pendant mon trajet à vélo. J'arrive à la bouche de métro

---

7. Propos tenus dans l'émission *Face à l'info*, sur CNews, le 22 février 2021.

8. Propos tenus dans l'émission *On est en direct*, sur France 2, le 11 septembre 2021.

de la place d'Italie, où m'attendent mes nouveaux camarades de lutte. Je ne peux m'empêcher de songer qu'à quelques mètres d'ici, mon frère et ses amis doivent finir leur repas. J'espère ne pas les croiser : à part ma copine et mes éditeurs, personne n'est au courant de mon infiltration.

« Vincent Carayon ? » me lance un homme au corps fin, à la mine souriante et aux sourcils broussailleux. Mon balai-brosse à la main, je lui réponds avec un clin d'œil : « Démasqué ! » Il se présente : Nathan, l'organisateur de cette soirée de collage. Nous ne sommes que quatre ce soir, Nathan, Cédric, Jean-Lucio et moi. Jean-Lucio a des cheveux mi-longs et des joues potelées ; Cédric est le seul à correspondre à l'idée que je me fais d'un jeune partisan de la droite radicale : petit, carrure plutôt large et crâne rasé. Il me lance :
— Je t'ai déjà vu quelque part, non ? T'étais pas au collage du week-end dernier ?

Il me confond avec un autre. Cela dit, on me trouve souvent des ressemblances avec des tas de gens.

Jean-Lucio me rassure, le collage, ce n'est pas compliqué. Je lui avoue avoir regardé des tutos. Nathan, lui, m'apprend qu'il a collé trois fois depuis le début de la semaine, soit une session chaque nuit.

Nous nous mettons en route, direction Les Gobelins, en quête d'endroits où coller des affiches. Les trois jeunes zemmouriens me demandent d'où je viens :
— De Toulouse, mais je travaille à Paris.
— On est voisins, s'enthousiasme Jean-Lucio, j'ai de la famille au Pays basque !
— Moi, je viens du Vaucluse, ajoute Nathan. Et je suis aussi à la fac, à la Sorbonne.
— Tu dois être entouré d'islamo-gauchistes, alors ! je lance spontanément.
Ma blague 100 % Z-compatible fait mouche, tout le monde sourit et Nathan confirme.
— Je suis à la fac, moi aussi, ajoute Cédric.

À 27 ans, je note une chose : je suis le plus vieux ce soir. Nathan transporte les affiches dans un sac de courses Carrefour. Il m'explique que pour les obtenir, il suffit de contacter une certaine Johanna. Je range ça dans un coin de ma tête. Nathan ouvre son seau de colle et y plonge son pinceau avant de badigeonner une poubelle. Quand je demande où nous pouvons coller, l'un de mes acolytes me donne cette réponse énigmatique : « On n'a le droit de coller nulle part, alors nous, on colle là où il y a déjà des affiches. » Je pose ma première affiche « Zemmour président » sur la poubelle avant que Nathan ne la recouvre d'une nouvelle couche de colle. Je plonge mon regard dans celui de Zemmour avec un peu de culpabilité : moi qui n'ai jamais milité ni jamais voté, je viens de contribuer à la campagne du Z. Pour des raisons journalistiques, certes, mais ça me fait tout de même un drôle d'effet.

— Vous avez vu le dernier discours de Zemmour en Corse ? Il était vraiment incroyable, s'enthousiasme Cédric pendant qu'il étale un peu de colle sur la devanture d'un Crédit agricole.

— Dans le débat contre Mélenchon, son discours sur le nucléaire était clair, ajoute Jean-Lucio. Même sur l'économie, il a un discours solide, franchement !

J'ai lu que le Z prenait des leçons d'économie auprès de Loïk Le Floch-Prigent, l'ancien PDG de la compagnie pétrolière Elf, multicondamné à des peines de prison ferme dans plusieurs affaires politico-financières. Selon la journaliste Émilie Lanez, qui révèle cette information dans une enquête[9] publiée par *Paris Match*,

9. « Présidentielle 2022 : Éric Zemmour saute le pas », Émilie Lanez, *Paris Match*, 8 juillet 2021.

Loïk Le Floch-Prigent « rédige des notes au journaliste conscient de sa faiblesse sur les questions économiques et lui prodigue des cours intensifs lors de déjeuners en tête-à-tête ».

La conversation embraye sur les idées de Zemmour. Mes trois compagnons du soir ont passé de nombreuses heures à décortiquer ses vidéos. Cédric nous raconte avec fierté qu'il vient de faire son « coming out politique ». La semaine dernière, il a déclaré devant ses camarades de TD qu'il soutenait Zemmour. Il s'explique : « J'habite à Gare-du-Nord, autant te dire que là-bas, quand t'es blanc, t'es un peu seul. On est remplacés ! Les gauchistes ne veulent pas voir le réel. »

Cédric s'interrompt et se retourne. Un jeune homme à vélo enlève une affiche que nous venons de coller. Jean-Lucio demande : « On va le voir ? » Cédric est peu emballé par cette idée. « Il est au téléphone, il discute probablement avec d'autres gauchistes pour qu'ils viennent l'aider. Et puis ça ne servirait à rien. Imagine, si ça dégénère : on sait très bien que les médias vont dire que quatre fachos ont pété la gueule à un type et qu'en plus, ce sont eux qui ont commencé, bla-bla-bla. Vous voyez le genre ! » Cédric ajoute :

« Puisque les gauchistes les aiment tant, les immigrés, je les enverrais bien dans ces pays. Tu sais, y a eu des Nègres qui faisaient de la traite, avant, en Afrique. Je veux qu'on fasse pareil et qu'on vende les gauchos au plus offrant ! » « Nègre », je crois que c'est la première fois que j'entends quelqu'un prononcer ce mot devant moi. Personne ne réagit, personne ne semble aussi choqué que moi. Nous remontons l'avenue des Gobelins et l'homme nous suit encore. Il se tient à une dizaine de mètres, toujours au téléphone. Je vois mal ce qu'un homme seul peut faire face à nous quatre. Mais je sens que Cédric est sur ses gardes. D'un commun accord, nous mettons fin à la mission collage. De toute façon, après une heure et demie d'affichage, nous avons eu le temps de tapisser un bon tronçon de l'avenue des Gobelins.

Nous regagnons la bouche de métro de Place-d'Italie. Cédric et Jean-Lucio se sont trouvé un point commun : avant, ils étaient de gauche. Au fil de la discussion, Cédric, les yeux pétillants, se décide à nous livrer sa dernière théorie : les filles préféreraient les mecs de droite. « On est dans le bon camp, le camp de ceux qui ont ouvert les yeux sur le réel », détaille-t-il. Dans la bouche de

Cédric, « le réel » désigne un monde débarrassé de tout impératif de politiquement correct.

Un jeune homme vient nous demander où se trouve la pharmacie la plus proche. Avenant, Nathan lui indique le chemin. Une fois le jeune homme parti, Cédric juge négativement l'inconnu du simple fait de ses origines : « Encore un Arabe. Après, on s'étonne du trou de la Sécu… »

CHAPITRE 4

IDENTITÉ, IMMIGRATION, INDÉPENDANCE...

Extraits du dernier livre d'Éric Zemmour, *La France n'a pas dit son dernier mot*, tirés de la conclusion qui ressemble à l'ébauche d'un programme.

> « Nous sommes le pays des guerres civiles. Une partie de nos élites se retourne toujours contre le peuple français, pour prendre parti en faveur de l'empire du moment, au nom d'un universalisme dévoyé.
>
> [...]
>
> Mais, à chaque fois, la France a trouvé en elle-même, au sein de son peuple, que ce soit Jeanne d'Arc, Bonaparte ou de Gaulle, un "homme providentiel" qui porte le fer et rassemble les énergies au nom de la survie de la nation.
>
> [...]

Nous devons nous rassembler autour de ce que j'appellerai “les 5 I” : identité, immigration, indépendance, instruction, industrie.
[…]
Aucun parti, même ceux qui prétendent canaliser cette colère, ceux que les élites et les médias disent populistes, ne parvient à incarner la juste colère et angoisse du peuple français.
[…]
Nous sommes là pour perpétuer l'histoire de France. Pour ceux d'hier et de demain, il ne s'agit plus de réformer la France, mais de la sauver. La France n'a pas dit son dernier mot.

Paris, le 21 juin 2021 »

CHAPITRE 5

« SOUTENIR UN JUIF ! »

« S'il y a des fans de foot, on se retrouverait pas dans un bar pour voir un match de LDC ensemble cette semaine ? Ça pourrait être sympa. » Je poste ce message sur le canal « GZ / 94 Val-de-Marne » de Telegram. En amoureux du ballon rond, je me suis dit qu'une soirée Ligue des champions serait un bon moyen de nouer des relations. Malheureusement, mon initiative ne prend pas. Je me rabats sur un nouveau collage aux alentours de l'Assemblée nationale. J'écris à Henri, un des organisateurs, qui m'ajoute immédiatement dans le groupe Telegram consacré à cette session d'affichage sauvage. Le rendez-vous est fixé le 19 octobre, à 20 heures devant le Palais-Bourbon.

Quand j'arrive au lieu de rendez-vous, nous ne sommes que quatre, alors que la conversation comptait trente participants. L'un d'eux se tourne tout de suite vers moi : « Salut Vincent, comment tu vas ? » Je reconnais Jean-Lucio, le jeune homme aux joues potelées rencontré lors du premier collage. Son air enjoué me rassure, même si je reste assez mal à l'aise. Dans ma tête, je concocte sans cesse mes réponses à l'avance, laissant peu de place à la spontanéité par peur d'une bourde. Je lui réponds : « Au top, et toi ? Je vois que tu es partout ! » D'autres militants nous rejoignent au compte-gouttes. À 20 h 30, nous sommes une bonne vingtaine, dont trois filles.

Au moment où nous nous mettons en route, des policiers nous abordent et nous demandent ce que fabrique un groupe de vingt jeunes devant l'Assemblée à la nuit tombée. Un de mes acolytes lui explique que nous sommes des militants de Zemmour et que c'est notre point de rencontre. « On se demandait si vous n'étiez pas des antivax », répond le policier, plus rassuré par de jeunes zemmouriens que par des opposants au vaccin. « La semaine dernière, ils avaient apporté de la merde pour la lancer sur le bâtiment. » Ils font demi-tour sans nous poser plus de questions, et nous reprenons notre marche.

Jean-Lucio me raconte avoir rempli le formulaire en août et rejoint GenZ début septembre. Il en est à son quatrième collage et prévoit de continuer avec Nathan, son meilleur ami. Avant, il était de gauche. En 2020 il s'est même engagé dans la campagne municipale avec le Printemps marseillais, une alliance entre les écologistes et les socialistes qui a remporté la mairie de Marseille. Mais Jean-Lucio s'est rendu compte que le Z portait mieux ses valeurs, « comme la souveraineté ». Le reste de la troupe s'anime, mettant fin à notre discussion. L'organisateur du collage nous enjoint à nous diviser en deux groupes, pour plus d'efficacité. L'efficacité risque d'être toute relative : nous sommes une vingtaine, dont une partie qui n'a jamais collé, et nous n'avons que cinq brosses et deux seaux de colle.

Je fais la rencontre d'un petit nouveau, un Léo qui dégage un je-ne-sais-quoi de Benjamin Biolay. Tout en posant des stickers « Zemmour président » sur des panneaux, Léo, 18 ans tout juste, me confie qu'il est un ancien républicain. Un autre colleur, à la chemise repassée, m'explique qu'il a lui aussi milité au sein du parti LR. Il a les cheveux mi-longs coiffés vers l'arrière. Sa coupe ravirait les adeptes de la page Facebook « Cheveux de riches », qui

recense ce genre de coiffures typiques de l'Ouest parisien.
— Et toi ? me questionne-t-il. C'est quoi ton parcours ?
— J'ai jamais voté de ma vie. Je suis abstentionniste, parce que jusque-là, j'ai trouvé personne qui correspondait à ma ligne politique. Mais quand j'ai vu que le Z se présentait, c'était différent, ça m'a donné envie.
— Va falloir que tu t'inscrives sur les listes électorales alors, me dit Joséphine, l'une des trois filles du groupe, jusque-là assez discrète.
— Je sais même pas comment il faut faire, vu que c'est la première fois !
— Mais c'est trop bien, coupe le jeune-aux-cheveux-de-riche, visiblement content que je sois un ex-abstentionniste. C'est exactement les gens comme toi qu'on vise ! C'est vous qui allez faire la différence.

Le très chic 7e arrondissement, à 21 heures, n'est pas le meilleur coin de Paris pour coller en toute discrétion. Ni pour trouver de bonnes surfaces où poser nos affiches. Nous profitons des travaux du quartier pour coller la tête d'Éric Zemmour sur toutes les barrières de sécurité. Une des rares filles présentes ce soir nous filme et prend des photos du collage. « Qui ne souhaite pas être photographié ? » finit-elle par lancer à la cantonade. Je lève la main en même temps que deux autres militants.

Non loin de la place du Palais-Bourbon, une femme blonde, la cinquantaine et d'apparence plutôt bourgeoise, prend notre petite bande à partie : « Vous n'avez pas honte ? » J'attends le moment où elle va nous traiter de fachos. Elle reprend avec véhémence : « Vous faites honte à la France ! Soutenir un Juif ! » Tout le groupe reste coi. Autant la petite bande de colleurs et colleuses d'affiches pro-Zemmour était prête à se faire accuser d'intolérance et de racisme, autant je les sens désarçonnés d'être pointés du doigt par une antisémite.

— Madame, vous savez que c'est de l'antisémitisme, ça ? tacle le jeune-aux-cheveux-de-riche.

— Et vous, vous savez que vous soutenez un misogyne ? Vous le savez, ça ? D'ailleurs, vous n'avez même pas de filles dans votre groupe !

— Si, si ! Désolée, mais je suis là, se signale Joséphine, cachée derrière plusieurs militants.

Deux camarades se lancent dans une discussion avec elle. Le reste de la troupe reprend son chemin.

CHAPITRE 6

« DÉSOLÉS D'ÊTRE CHEZ NOUS »

25 octobre 2020, compte Twitter officiel d'Éric Zemmour.

> « La France n'est pas une poubelle. Elle n'a pas à accueillir tous les délinquants de l'Afrique maghrébine et de l'Afrique noire. #FaceALaRue »

*

28 octobre, retranscription d'une discussion de militants zemmouriens sur le tchat vocal Discord.

> **Lia :** Du coup, c'est quelle couleur, principalement, dans le 93 ?
>
> **Sophie :** Bah euh, noir.
>
> **Lia :** Donc les Noirs ont rechassé les Chinois, quoi.

Sophie : Il y a un tout petit peu de Chinois, quelques Juifs et puis y a des Noirs.
Lia : Quelques Juifs… Je sais pas comment ils survivent là-bas.
Sophie : J'ai vu des orthodoxes juifs avec des petites nattes et tout ça, à Aubervilliers, sinon c'est des boutiques type pakpak, Pakistanais ou Iraniens.
Lia : En fait, c'est la totale, quoi. Donc finalement, le vivre-ensemble, ils ont réussi, mais sans les Blancs. C'est beau, hein.
Sophie : J'ai vu deux-trois Blancs…
Lia : C'est peut-être nous l'erreur, en fait, faudrait peut-être qu'on réfléchisse…
Dorian : Désolés d'être chez nous.
Lia : Tu sais quoi, ça me rassure, parce que ceux qui parlent comme ça, c'est des gauchistes purs. Ça évitera des enfants gauchistes purs, c'est peut-être un mal pour un bien.
Sophie : Alors par contre, pour ce qui est de la gare du Nord, j'ai dit qu'on ne craint rien physiquement, mais par contre il y a un truc que j'ai bien dit, c'est qu'on a l'impression d'être au bled, quand même, on a l'impression d'être au souk. Mais on va pas venir te donner un coup de couteau, mais par contre c'est les retrouvailles du papa black de 40 ans avec son copain, c'est une ambiance quartier américain de banlieue, comme les Noirs américains aux États-Unis.

[…]
Sophie : C'est simple. Paris, vous tracez un trait entre la porte de la Chapelle et le sud de Paris, un trait en ligne droite au milieu de Paris, vous coupez la banlieue, vous coupez l'Île-de-France en deux. Tout ce qui est à l'ouest de Paris, ça craint pas. Et tout ce qui est à l'est de Paris, ça craint.
Lia : Moi, j'adore traîner à Rueil-Malmaison. Je me demande si eux aussi se font envahir.

CHAPITRE 7

NANTES

« Il y a un problème, la France a été trop accueillante, trop généreuse. Et aujourd'hui, ce ne sont pas seulement ces gens qui sont en difficulté. C'est tous les Français ! Parce que l'immigration est devenue un poids insupportable pour les Français. » Lundi 25 octobre, Éric Zemmour est à l'honneur de l'émission *Face à la rue*, diffusée en direct sur CNews (propriété du milliardaire Vincent Bolloré, ex-employeur et proche du Z). La chaîne a organisé une déambulation à Drancy, en Seine-Saint-Denis. Au micro de Jean-Marc Morandini, le futur candidat distribue ses constats alarmants et échange avec quelques Drancéens. « Enlevez-le, si le foulard n'a pas d'importance ! » lance-t-il à une femme voilée. Celle-ci s'exécute, après qu'Éric Zemmour a accepté de dénouer sa cravate. La séquence fait le tour des médias.

Le lendemain, j'indique sur un document partagé de GenZ que je cherche un covoiturage pour me rendre à la conférence littéraire d'Éric Zemmour du week-end suivant, à Nantes. Une seule voiture est disponible pour s'y rendre depuis Paris. Une voiture déjà pleine. Je cherche aussi un hébergement, sans succès. À trois jours de l'événement, je désespère.

Enfin, par chance, deux jours plus tard, sur un des fils de discussion Telegram, un dénommé Ilan propose un covoiturage. Je fonce sur l'occasion. Ilan m'ajoute à une conversation avec de nouveaux camarades : Maxence, Mathieu et François. Nous nous donnons rendez-vous samedi 30 octobre, 11 heures, à Porte-Maillot. Mon téléphone bipe à nouveau. Je viens d'être intégré par une certaine Mélanie à un nouveau groupe nommé « Hébergement GZ Nantes », sur lequel elle nous propose un logement pour la soirée. La photo illustrant la conversation se veut humoristique : deux personnes noires vivant dans la rue sont assises devant leur tente, une bouteille de vin à leurs pieds. Je décline l'invitation de Mélanie, car Ilan souhaite que nous rentrions à Paris juste après le meeting.

Le samedi, sur le lieu du départ, je repère tout de suite le groupe de trois jeunes. Je fais mine de ne pas être sûr que ce soit bien eux, alors que, la veille, j'ai *stalké* leur profil sur les réseaux sociaux :
— On est bien là pour la même chose ?
— Je pense ! Tu dois être Vincent Carayon ? me demande l'un des trois.
— C'est bien moi, oui !
— Tu es de la famille de Guilhem Carayon ?
— Le président des Jeunes Républicains ? Non, mais on me le demande à chaque rendez-vous GenZ !

Tout le monde se présente en attendant Ilan. Il y a François, un étudiant de 19 ans avec un air timide et un cheveu sur la langue ; Mathieu, un binoclard à l'allure bien sérieuse pour un jeune de son âge, et son ami, Maxence, 22 ans, un visage en lame de couteau et un corps fluet perdu dans une doudoune. Ce dernier n'est autre que Maxence Briquet, porte-parole des Amis d'Éric Zemmour. Maxence appartient à la frange BCBG du mouvement. Il fait partie de ces têtes bien faites, passées par le moule des grandes écoles – l'Essec, une école supérieure de commerce, en ce qui le concerne – et engagées très tôt dans les coulisses de la précampagne d'Éric Zemmour. Maxence a été propulsé sur les plateaux télévisés après avoir suivi des séances de média-training au sein des Amis d'Éric Zemmour. Il a d'ailleurs passé les trois dernières semaines à marteler sur plusieurs chaînes d'information que son candidat n'est pas d'extrême droite. Maxence a par exemple déclaré le 6 octobre sur BFM TV : « L'extrême droite est une droite antirépublicaine, Éric Zemmour ne veut absolument pas abolir la République[10]. »

11 h 05, une Mercedes des années 1980 se gare devant nous, c'est Ilan. François monte à l'avant et nous nous entassons à trois à l'arrière : Mathieu à droite, Maxence au milieu et moi à gauche. La conférence de Zemmour commence à 17 heures, et nous avons un peu plus de quatre heures de route. « Pendant la pause déj', si vous êtes sages, je vous montrerai une vidéo du service public, promet Mathieu. Un truc magnifique. Y a un ouvrier du bâtiment blessé sur le toit d'une école et il faut vite l'évacuer. La seule qui ose monter, c'est une femme voilée intégralement, elle enlève son voile pour faire une corde et aider l'ouvrier à descendre. » Cet extrait du film *La Lutte des classes* a été partagé la veille sur Twitter par le compte @SanglierSympa, à la suite d'une série

10. Propos tenus sur BFM TV, le 6 octobre 2021.

de tweets publiés deux jours plus tôt par le même compte Twitter. Celui-ci y dénonce les clichés « woke » de *L'École de la vie*, une série diffusée sur France 2, qui raconte l'histoire d'un professeur débordé par un jeune d'extrême droite.

Dans la voiture, Mathieu nous passe un extrait de la série dans lequel cet étudiant radicalisé reprend l'enseignant quand celui-ci évoque les dégâts causés par la colonisation. « Tu te rends compte : les hôpitaux, les routes, les chemins de fer, c'est dramatique », réagit Maxence, en empruntant un air choqué. Et le pillage des matières premières ? « Ça, par contre, c'est complètement faux ! » s'insurge François.

Maxence et Mathieu se mettent à discuter de fiches thématiques, de conférences, et des plateaux télévisés sur lesquels le premier est passé. Je comprends vite que ce ne sont pas des militants lambda. Mathieu fait partie du bureau Île-de-France des jeunes LR, et il n'a pas encore informé ses camarades républicains de son revirement. Je leur demande ce qu'ils font dans le mouvement :

— Moi, en plus d'être porte-parole des Amis d'Éric Zemmour, explique Maxence, j'écris aussi une partie du programme. Il y a plusieurs pôles thématiques qui bossent sur un aspect particulier du programme, avec une vingtaine de personnes dans chaque pôle. Mathieu aussi fait ça.

Les deux me détaillent le fonctionnement des groupes de travail :

— Parfois, Sarah met des veto. Certains documents reviennent, sur Word, avec un commentaire « Veto SK ».

« Sarah » ou « SK », c'est Sarah Knafo, une haute fonctionnaire de 28 ans sortie de l'ombre fin septembre 2021, affichée en une de *Paris Match* dans les bras d'Éric Zemmour. Elle s'est mise en disponibilité de la Cour des comptes pour mener la campagne du polémiste. Passée par Sciences Po Paris et l'ENA, elle est surtout LA personne qui a poussé le Z à se présenter. D'ailleurs, à propos de celle qu'il nommera bientôt « directrice de la stratégie » de sa campagne, Éric Zemmour confiera sur BFM TV : « [C'est] ma collaboratrice, ma compagne. Il n'y aurait pas eu de campagne sans Sarah Knafo. »

À l'avant du véhicule, Ilan, plutôt en retrait jusqu'ici, nous confie être de religion juive et avoir passé trois ans en Israël. Il nous apprend y avoir fait son service militaire, persuadé qu'il faudrait s'inspirer de l'État hébreu : « Une fille, elle peut se balader dans la rue sans aucun problème de sécurité. T'as des militaires armés tous les dix mètres. Ça fait beaucoup d'armes dans le pays, et c'est rassurant, parce que t'as beaucoup d'attentats. Pendant le service militaire, on te prête une arme, tu te balades avec. T'as des meufs, elles sont à la plage en maillot et avec le M16 en bandoulière. » Ilan assume être un libertarien pur jus : pour lui, la liberté doit être maximale. « L'État ne devrait s'occuper que du minimum, comme la sécurité des citoyens, la justice et la monnaie. » Donc, pour lui, interdire le port d'armes et rendre la ceinture de sécurité obligatoire sont des aberrations.

Mathieu, chargé de la partie « écologie » du programme d'Éric Zemmour, nous raconte une blague, celle d'un perroquet macho qui peut reconnaître « les salopes ». Il reconnaît l'avoir empruntée à l'émission *La Grosse Rigolade*, présentée par Cyril Hanouna.

Au fil du trajet, je sens que je ne maîtrise pas encore toutes les références GenZ. Quand mes compagnons de route parlent des youtubeurs préférés de la droite radicale, comme Bench&Cigars et Papacito, je connais. Mais quand Mathieu me fait découvrir un remix musical d'un ancien face-à-face tendu entre

Éric Zemmour et Jacques Attali, l'« homélie du père Attali », je me contente d'écouter. Dans cette vidéo, Éric Zemmour déclare sur fond de chorale : « Il y a des gens qui sont là depuis mille ans, et qui ont envie d'être là encore mille ans. Et qui n'ont pas envie d'être métissés, monsieur Attali. Excusez-les ! Excusez-les ! Ils ont pas envie ! C'est con, hein, je reconnais. C'est bas ! Mais ils ont pas envie. »

Nous arrivons à Nantes, dans une odeur de gaz lacrymogène. Des militants antifascistes se sont massés à quelques centaines de mètres du Zénith pour protester contre la venue de Zemmour. Nous franchissons la porte d'entrée du Zénith, accueillis par Stanislas Rigault. Le président de Génération Z échange des poignées de main avec Mathieu et Maxence. Les deux militants trouvent une place près du pupitre. Après avoir perdu de vue François, Ilan et moi trouvons deux places côte à côte. De son ton blasé, le libertarien m'interroge :

— T'as voté pour qui en 2017, toi ?

— Pour personne. Et toi ?

— En 2012, je n'ai pas pu voter, mais j'aurais voté pour Sarkozy. En 2017, j'ai voté pour Marine Le Pen.

— Elle n'est pas très libertarienne pourtant…
— C'est vrai. Mais je place la sécurité et le patriotisme en premier, il faut faire des choix quand on vote et, pour moi, ce sont les sujets les plus importants.

Notre discussion est interrompue par des « Zemmour président » scandés par le public du Zénith. Des GenZ lancent un « On n'entend pas chanter les antifas » qui fait glousser l'assistance. À quelques mètres de moi, je reconnais Nathan, avec qui j'ai collé dans l'avenue des Gobelins. Enfin, le Z se fraye un chemin à travers la foule, entouré par de nombreux gardes du corps. Sarah Knafo le précède. Il prend place à son pupitre, avec une demi-heure de retard sur le programme. Avant de lui céder le micro, le speaker accuse les antifas d'être la cause de ce retard. Je revois Maxence nous apprendre dans la voiture que le Z arrive systématiquement en retard.

Éric Zemmour fréquente plus les plateaux de télévision que les meetings. Et ça se voit. Il peine à se détacher de ses fiches, croise et décroise sans cesse les pieds, maîtrise avec difficulté le langage corporel.

Afin d'approcher le Z dans l'espoir qu'il enregistre une première fois ma tête de néomilitant, je souhaite faire dédicacer mon exemplaire de son dernier livre. Ilan et moi commençons à faire la queue devant la table de dédicace avant la fin du meeting. Dix minutes plus tard, nous sommes rejoints par notre compagnon de route François-cheveu-sur-la-langue. Quand Zemmour arrive, un militant de Génération Z indique la marche à suivre : « Pour aller plus vite, prenez un Post-it, mettez-y votre prénom et collez-le sur une des premières pages du livre. » C'est l'usine. Dans la queue, il se raconte qu'Éric Zemmour signera ses livres jusqu'au dernier, quitte à partir à minuit. Arrivé à la table du Z, je prends la pose une seconde, le temps que François immortalise cette première rencontre. Zemmour, caché derrière son écharpe, nous remarque à peine. Il lève la tête, me rend mon livre et me remercie d'être venu. Sur la gauche de cette usine à dédicaces, Sarah Knafo et Stanislas Rigault disputent une partie de baby-foot. Les photographes présents se jettent sur la scène. Je me glisse jusqu'à Maxence pour le prévenir qu'Ilan veut que nous rentrions.

Sur la route du retour, Mathieu suggère de lancer un blind test, je propose que ce soit sur de la variété française. Jeanne Mas, M. Pokora, Jacques Brel, Mylène Farmer et bien d'autres défilent. Quand vient Hugues Aufray, nous nous mettons tous ensemble à chanter – ou plutôt à hurler – sur l'air de *Santiano*.

Le blind test achevé, Maxence et Mathieu se mettent à travailler à la rédaction d'une tribune à propos des antifas qui perturberaient les manifestations de ce quinquennat. Ils souhaitent la soumettre à *Valeurs actuelles*. Le premier fait la lecture au second, puis me demande mon avis. Je leur signale que certains propos me semblent trop radicaux et difficilement vérifiables. Ils opinent. Ils n'ont pas encore fini de rédiger leur texte qu'ils réfléchissent déjà à la titraille. Maxence et Mathieu s'accordent sur un titre racoleur « Éric Zemmour à Nantes : les antifascistes sont les nouveaux fascistes ». En tant que journaliste indépendant, j'ai écrit pour de nombreux médias, mais je n'avais encore jamais contribué – certes modestement – à une publication de *Valeurs actuelles*.

CHAPITRE 8

« LES NOUVEAUX FASCISTES »

31 octobre 2021, tribune publiée sur le site de *Valeurs actuelles*.

Éric Zemmour à Nantes : les antifascistes sont les nouveaux fascistes

Par Maxence Briquet, membre de l'association « Les Amis d'Éric Zemmour », tribune.

« Ce samedi 30 octobre, lors du déplacement d'Éric Zemmour à Nantes, des militants antifascistes ont tenté en vain de perturber la conférence littéraire qu'il y tenait. Bien que cette dernière se soit déroulée sans encombre, il ne faut pas négliger cet avertissement : certains ne souhaitent pas que la présidentielle se déroule dans un climat serein et démocratique.

[…]

Combattants de pacotille d'un ennemi imaginaire, les antifascistes ont encore montré à Nantes leur intolérance face à ceux qui ont fait du cadre démocratique le lieu du progrès de leurs idées. Nous ne pouvons accepter qu'une forme de réciprocité s'installe. Les Français le savent bien, il n'y a rien de comparable entre celui qui défend la France et ceux qui caillassent nos policiers. La violence des antifas est au fond facile à expliquer : ils ont compris qu'avec Éric Zemmour au pouvoir leur impunité prendrait fin. »

CHAPITRE 9

LES CLÉS DU QG

Lors des collages et des discussions en ligne, deux noms reviennent régulièrement. Johanna Humphrey, fournisseuse officielle de stickers et d'affiches à l'effigie d'Éric Zemmour. Et Stanislas Rigault, le responsable de Génération Z.

Johanna Humphrey reste discrète et refuse de s'exprimer dans les médias, son nom et son rôle ont été révélés le 20 octobre 2021 dans un article de *Mediapart*[11]. Tout le contraire de Stanislas Rigault. Du haut de ses 22 ans, ce dernier écume les plateaux télé avec aisance. *Mediapart* brosse un portrait rapide du jeune homme : étudiant en droit à l'Institut

---

11. « L'équipe de campagne d'Éric Zemmour : le listing secret », Lucie Delaporte et Marine Turchi, *Mediapart*, 20 octobre 2021.

catholique de Vendée, cofondateur du journal *L'Étudiant libre*, il avait notamment appelé à manifester contre la dissolution du groupe Génération identitaire en février 2021. Bien que je sois un militant lambda, quand je sollicite Stanislas Rigault pour lui demander le contact de telle ou telle personne, il me répond toujours rapidement.

Début octobre, Stanislas Rigault avait posté le message suivant dans la boucle de discussion « GZ / Île-de-France » : « RECHERCHE militants (ou moins jeunes) disponibles une nuit à Paris. Ça va vous intéresser, je compte sur vous. (C'est une mission très sympa humainement;)). Contact en MP svp. » Je lui avais fait part de ma motivation, Stanislas m'avait alors détaillé la mission : il s'agissait d'assurer une présence nocturne dans les locaux de campagne du futur candidat. Quelques jours plus tard, j'avais aussi fait part de ma disponibilité pour assurer une veille de sécurité sur le numérique.

En l'absence de sollicitations, j'avais commencé à croire que ces projets étaient tombés à l'eau. Mais voilà que tout s'emballe. D'abord, le 27 octobre, un certain Aurélien m'appelle en numéro masqué. Il me demande si je suis toujours motivé à l'idée de rejoindre les veilleurs numériques. Bien sûr, Aurélien, aucun souci. « Et tu fais quoi dans la vie ? » Relations presse. « Une heure par jour, ça te semble possible ? » Je ne peux rien refuser au Z.

L'appel est bref, mais concluant. Aurélien m'ajoute à un nouveau groupe Telegram : « Veille sécurité EZ – Live ». Ma collection s'agrandit, j'ai désormais intégré une douzaine de groupes Telegram. Me voilà greffé à une équipe comptant une vingtaine de membres, appelée à devenir l'œil du mouvement sur Twitter. Notre tâche consiste à surveiller la toile en nous connectant quotidiennement au réseau social via une plateforme nommée Tweet-Deck. Je connais parfaitement cet outil, très utilisé par les journalistes. Il permet de regrouper et de trier les tweets par mots-clés pour s'y retrouver dans le flux continu du réseau social. Nous devrons passer au peigne fin des termes comme « Zemmour », « Knafo », « Gargamel » et « Zob » – deux surnoms affublant le futur candidat –, en nous relayant de 7 heures à 22 heures. Aurélien précise notre rôle dans un message posté sur le groupe.

> « Les publications qui nous intéressent sont les suivantes :
> – exposition d'informations personnelles concernant EZ, ses proches et les membres de son équipe [...],
> – exposition d'informations concernant le dispositif de sécurité [...],
> – tentatives de parasitage/indésirables [...],
> – appels à la mobilisation contre un événement/déplacement. »

Quatre jours après avoir rejoint l'équipe de sécurité numérique, je reçois un message de Dimitri, chargé d'assurer la sécurité du QG de campagne. La semaine précédente, j'avais annoncé ma disponibilité les jeudis soir. Dimitri a bien noté l'information :
— Salut, c'est OK pour la nuit de jeudi [4 novembre] au QG ?
— Toujours ! Ça se passe comment sur place ? On peut lire pendant la perm' ou ça demande d'être sur le qui-vive ?
— Super ! Oui, tu peux faire ce que tu veux, apporter à bosser ou ton ordi pour mater un film. A priori c'est tranquille. Tu peux m'envoyer ton numéro, stp ?

*

J'entame une phase plus active de mon implication au sein de GenZ. Le 2 novembre, de 8 heures à 9 heures, j'assure mon premier créneau de veille Twitter. Le nombre de tweets qui comprennent des mots-clés relatifs à Zemmour est hallucinant. Une petite vingtaine par minute, soit plus d'un millier par heure. Difficile de garder un œil attentif sur ce défilé incessant. Zemmour est insulté de toute part, mais nous devons surtout traquer les menaces qui nous semblent sérieuses.

Pendant mon heure de surveillance, je ne repère rien de bien dangereux. Je termine ma permanence par un sobre « RAS de mon côté ». Le lendemain, un de mes collègues fait remonter une menace : le média en ligne indépendant *StreetPress* révèle une vidéo pour le moins embarrassante[12]. Des membres de La Famille gallicane, un groupuscule d'extrême droite, se sont filmés dans une forêt tirant sur des caricatures d'hommes juifs, musulmans et noirs. Or certains membres de La Famille gallicane ont rejoint Génération Z ; le groupe fait campagne pour Éric Zemmour.

---

12. « Des soutiens de Zemmour tirent sur des caricatures de juifs, de musulmans et de noirs », Mathieu Molard, *StreetPress*, 2 novembre 2021.

Après le signalement à l'équipe de campagne de cette information révélée par *StreetPress*, je n'observe aucune réaction publique de Zemmour au sujet de La Famille gallicane. Silence radio.

Ma permanence a été avancée d'un jour. Mercredi 3 novembre, je m'apprête à assurer ma première nuit de garde au QG. On me demande d'être présent de 20 heures à 9 heures. Le Dimitri-chargé-de-la-sécu m'appelle : « Il te suffit de venir et de dormir sur place. Tu n'auras rien de particulier à faire, juste fermer la porte quand tout le monde sera parti et t'assurer que personne ne rentre. Il pourrait y avoir des journalistes qui cherchent à venir ou des antifas qui mènent des actions quand le lieu sera rendu public. » Et niveau confort ? « Tu peux dormir sur le canapé, répond Dimitri. C'est le début, donc on n'a pas encore de lit, mais la semaine prochaine on devrait avoir un matelas gonflable. Tu peux être là pour 19 heures ? » Dimitri me confie que les volontaires pour assurer les gardes nocturnes du QG auront droit à une contrepartie, un livre ou une photo dédicacée, et, si c'est possible, un repas en compagnie d'Éric Zemmour.

19 heures. Je retrouve Dimitri au croisement entre la rue Jean-Goujon et l'avenue Roosevelt, dans le très cossu 8e arrondissement parisien. Le responsable de la sécurité du QG de campagne a les cheveux bruns rasés, le visage acéré. Je lui donne la trentaine. Dimitri se montre rassurant à l'excès, comme s'il me pensait angoissé à l'idée d'assurer seul la sécurité du QG : « Ne te fais pas de souci, ça ne sera pas trop compliqué. Je n'ai pas le temps de t'expliquer comment ça fonctionne, parce que je dois aller voir une amie à l'hôpital. Mais à l'intérieur, il y a encore Thibaut. Il tenait la permanence d'aujourd'hui, alors il pourra t'expliquer. Le code c'est 8… » Je l'interromps : « Tu me l'as déjà envoyé, ne t'en fais pas. Eh bien parfait, j'espère juste que ta pote va bien ! » Il me remercie et me rappelle de garder le code pour moi.

Arrivé devant le 10 de la rue Goujon, je tape le code, pousse une lourde porte en bois et pénètre dans le hall de l'immeuble. Je marche jusqu'à la deuxième porte, comme me l'a indiqué Dimitri, et je sonne. La porte se débloque, j'entre et découvre un homme plutôt costaud, un peu plus jeune que moi, assis derrière un bureau blanc en demi-cercle. « Vincent, c'est ça ? » « C'est bien ça ! Tu me fais la visite ? » Thibaut se lève et passe devant moi pour me guider. Nous montons un premier escalier recouvert d'un tapis rouge cardinal. En haut des marches, le hall principal du QG est relativement vide, hormis quelques tables et chaises et une photocopieuse. Le parquet craque sous nos pas.

Salle de travail, salle de réunion, nous pénétrons dans toutes les pièces du premier étage, Thibaut me fait quelques recommandations : « Tous les soirs, il faut que tu vérifies que les fenêtres et les volets sont bien fermés. Il ne faut pas qu'on puisse voir ce qui se passe à l'intérieur. » Revenu dans le hall principal, il vérifie que personne ne se cache derrière les grands rideaux rouges en velours.

— Il faut vraiment vérifier ça aussi ? je lui demande.

— On sait jamais, si quelqu'un est resté derrière. À la formation sécurité de tout à l'heure, c'est le type qui gère la sécurité de Zemmour qui nous a conseillé de faire ça.

La formation a eu lieu un peu avant ma permanence, vers 18 heures. Je l'ai ratée à cause d'un rendez-vous.

— D'ailleurs, il nous a aussi dit qu'il fallait faire attention aux coupures d'électricité, poursuit Thibaut. Ça peut être le signe qu'il se passe quelque chose. Dans ces cas-là, tu appelles Dimitri. De toute façon, au moindre doute, tu l'appelles. Et surtout, il ne faut jamais ouvrir la porte. Que ce soit un voisin ou quelqu'un qui vient en te disant qu'il est électricien et qu'il doit réparer quelque chose, tu ne laisses entrer personne la nuit.

Thibaut et moi entrons ensuite dans une cuisine plutôt rudimentaire composée de tables, de chaises, d'une machine Nespresso, d'un canapé et d'un micro-ondes. Le mobilier m'évoque une cafétéria, mais les moulures, le beau parquet en bois et la hauteur sous plafond me rappellent que nous sommes bel et bien au QG de Zemmour. Nous revenons sur nos pas, pour monter au deuxième étage.

— Là, c'est le bureau de Sophie, elle est secrétaire, je crois. C'est elle qui arrivera la première demain matin. Derrière son bureau, il y a une porte qui doit toujours être fermée à clé.

— Pourquoi ?

— C'est le bureau d'Éric Zemmour ! me dit Thibaut, les yeux brillants. Mon guide, pas avare en sourires, semble tirer une certaine fierté d'assurer la garde du Z.

Je prends soudain conscience de la facilité avec laquelle Thibaut me confie les clés du QG.

Pendant cette phase de rodage, le niveau de sécurité me paraît plus que douteux. Dans quelques minutes, je serai le seul maître à bord et, à première vue, aucune caméra ne me surveille. Saboter la campagne présidentielle d'un candidat semble démesurément simple : il suffirait à une puissance étrangère ou un candidat adverse d'envoyer un faux militant en infiltration. Ce dernier pourrait fouiller ou même placer des micros aux quatre coins du QG, personne n'en saurait rien. Une sécurité minimale pour des enjeux énormes. Surtout quand on songe que Stanislas Rigault m'a recruté pour cette mission sans la moindre vérification. Et pour l'étape suivante, idem : on me confie les clés du QG, alors que je n'ai jamais montré le moindre papier d'identité…

Heureusement, d'ailleurs : je n'ai pas de papiers d'identité au nom de « Vincent Carayon ». Pour l'instant, il semblerait que mes pulls à col rond et mes chemises suffisent à installer la confiance.

Nous poursuivons la visite. À l'étage supérieur, deux bureaux, dont l'un est occupé. Nous entrons. « Bonsoir, désolé du dérangement, s'excuse Thibaut. Je vérifie juste que tout est bien fermé et je fais faire le tour à Vincent, qui sera de garde cette nuit. » J'échange une poignée de main avec les deux hommes présents dans la salle. Le premier, blond et moustachu, présente un certain embonpoint. Je remets vite un nom sur cette allure de vieux jeune aristocrate aux lunettes rondes : Antoine Diers, porte-parole des Amis d'Éric Zemmour et fer de lance du polémiste sur les plateaux télévisés. CNews, C8, BFM TV, l'homme multiplie les apparitions médiatiques. Il s'est même retrouvé dans un face-à-face assez lunaire avec le rappeur Booba dans *Touche pas à mon poste!* en septembre 2021. Antoine Diers est un ancien membre du bureau national du syndicat étudiant de droite UNI (pour Union nationale interuniversitaire). Dès 2009, apprend-on dans le livre d'Étienne Girard *Le Radicalisé : enquête sur Éric Zemmour*[13], il était un ardent partisan de Zemmour, alors chroniqueur dans l'émission *On n'est pas couché*, sur France 2, au point d'avoir cofondé le « Virage zemmourien », un groupe de supporters (au sens premier du terme) qui venaient dans le public pour acclamer chaque diatribe ou phrase choc de leur homme déjà providentiel.

---

13. Le Seuil, octobre 2021.

La seconde personne présente dans la salle tranche avec cette figure excentrique. Cheveux courts, visage fermé et lunettes rectangulaires. Cette tête passe-partout ne m'évoque rien.

Nous regagnons le bureau blanc du hall d'entrée. Thibaut pointe un grand carnet posé sur le bureau. « Dedans, il faut noter les personnes qui viennent, leur fonction et l'heure à laquelle elles sont parties. Et il faut le faire avec tout le monde. Si c'est Éric Zemmour ou Sarah Knafo, il faut le noter aussi. Mais bon, le soir, t'as pas grand-chose à faire à part noter le départ d'Antoine Diers et de Gilbert Payet. » « Sur un simple carnet ? » je réagis. Thibaut m'explique que c'est le début de ce système de permanence et que, la semaine prochaine, nous aurons droit à un ordinateur. C'est en tout cas ce que lui a dit Dimitri. Je me surprends à me vanter de ma présence, le week-end précédent, au meeting de Nantes. Dans mon élan, je *name-droppe* en précisant que j'étais en compagnie de Maxence Briquet, porte-parole de l'association Les Amis d'Éric Zemmour. « Demande-leur s'ils ont besoin d'aide pour la partie immigration, réagit Thibaut. Je travaille au sein des forces de l'ordre dans une cellule qui gère les immigrés. J'aurais beaucoup à dire sur le sujet ! »

Je me sens un peu embarrassé, ce n'est pas comme si Mathieu et Maxence étaient mes amis. Je temporise : « Je sais pas si je peux leur filer ton numéro, mais si je les croise à nouveau, je n'hésiterai pas à leur en faire part. » Je sens Thibaut déçu, mais toujours enthousiaste :

— En tout cas, on a de la chance de faire les perm' au QG ! Tu vas voir, on voit passer des gens qu'on voit d'habitude à la télévision, c'est fou. On est au cœur de l'action. Regarde le carnet, c'est pratiquement que des proches de Zemmour qui viennent !

Avant de me quitter, le militant me remet les clés du QG. Deux porte-clés les accompagnent : un éléphant aux couleurs des Républicains américains et une kalachnikov.

CHAPITRE 10

UNE NUIT AVEC BAINVILLE

Je meurs de faim. Comme j'étais en retard, je n'ai pas pris de quoi manger. J'ai aussi oublié de prendre mes cigarettes avant de partir, d'ailleurs.

Avec cette infiltration, je fume quotidiennement, alors qu'en temps normal c'est occasionnel. C'est peut-être une excuse, mais je me dis qu'une bonne discussion peut s'enclencher en offrant une cigarette ou en prêtant un briquet. Tout ce temps passé à jouer le zemmourien m'impose un contrôle permanent, et fumer est un moyen d'évacuer ce stress. Moi qui suis d'un naturel détendu, je me surprends à être dans le calcul permanent. Cette angoisse s'évapore dès que j'engage une discussion avec quelqu'un. Heureusement, tous les militants rencontrés jusqu'ici me mettent vite à l'aise.

Même le porte-parole des Amis d'Éric Zemmour, Antoine Diers, qui part quelques minutes à peine après le début de ma permanence, me salue avec bonhomie :

— Bonne soirée ! Attention, la nuit risque d'être froide !

Bon. Il ne reste plus qu'une personne dans les locaux, et après je suis tranquille. Il s'agit de Gilbert Payet, comme l'a indiqué Thibaut. Ce sexagénaire n'est pas n'importe qui : c'est le conseiller technique et juridique d'Éric Zemmour. La première prise importante pour l'équipe de Zemmour. Ex-conseiller technique du Premier ministre Jean-Pierre Raffarin, il a aussi été directeur des stages de l'ENA.

Au cours de sa carrière, Gilbert Payet a notamment été préfet des Pyrénées-Atlantiques. En poste à Pau, il a certes été un acteur de la réintroduction des ours dans les Pyrénées, mais surtout le directeur de stage de Sarah Knafo. Dans un portrait de la jeune énarque paru dans *Le Canard enchaîné*[14], on apprend de la bouche d'un préfet qui témoigne anonymement la possible raison du ralliement de Payet : « Knafo est

14. « Sarah Knafo, "Z" à la personne », Anne-Sophie Mercier, *Le Canard enchaîné*, 10 novembre 2021.

vraiment très forte, car Payet n'a jamais été sur une ligne Zemmour. C'est un haut fonctionnaire intelligent et respecté qui pense n'avoir pas fait la carrière qu'il méritait. Knafo a senti ce besoin de reconnaissance. » Payet s'occupe aussi des comptes de campagne, un poste central.

Avant de quitter le QG, Gilbert Payet me dit:
— C'est la première nuit où je ne vais pas devoir fermer derrière moi!

J'essaie de me montrer rassurant en lui adressant un sourire. Il poursuit:
— Et comment ça se passe? Vous dépendez de la personne qui s'occupe de la sécurité, c'est ça?
— Euh, pas vraiment. Je suis en contact permanent avec Dimitri. Et s'il y a le moindre problème, je dois lui passer un coup de fil.
— Je vois. Dans ce cas, je vais l'appeler pour m'assurer que tout est bon.

Gilbert Payet quitte le QG, le téléphone déjà collé à l'oreille. Bon élève, je note dans le grand carnet « 20 h 45 » comme horaire de son départ. J'essaie de fermer la porte à clé, mais n'y parviens pas. Ça ne me semble pas si grave; de toute façon, elle ne peut pas s'ouvrir de l'extérieur.

Ça y est: je suis seul en plein cœur du QG du Z. J'abandonne le poste d'accueil pour m'affaler sur le canapé de la cuisine. J'ouvre le frigo et je me sers un grand verre de jus d'orange, mon seul et maigre repas du soir que je complète avec un café. Pour le récipient, j'ai le choix entre un mug « *Make America Great Again* » et un autre « J'ai écouté l'homélie et j'en suis encore un peu ébloui », une référence à la tirade de Zemmour face à Attali dont Mathieu m'avait fait découvrir un remix durant notre covoiturage pour Nantes. J'opte pour ce second mug.

À moins que des antifas tentent une intrusion, la nuit risque d'être ennuyeuse. Pour occuper mon temps, j'ai pensé à embarquer mon ordinateur que j'ai reconfiguré au nom de Vincent Carayon. J'ignore si j'en fais trop, mais, depuis la page d'administration du WiFi de mon appartement, je peux voir le nom des personnes connectées. L'équipe de sécurité de Zemmour pourrait en faire autant. Je lance la confrontation du RB Leipzig contre le PSG, baisse le son et me plonge dans la lecture de l'*Histoire de France* publiée par Jacques Bainville en 1924.

Je n'ai pas choisi ce livre par hasard. Dans une chronique[15] parue en avril 2021, Éric Zemmour

---

15. « Jacques Bainville, un Cassandre si actuel », Éric Zemmour, *Le Figaro*, 21 avril 2021.

– le journaliste du *Figaro*, pas le futur candidat – faisait l'apologie de l'académicien français dans une comparaison à peine voilée avec sa situation. Tous deux ont été journalistes et partagent une passion pour l'histoire de France et les questions d'identité. Tous deux avaient, jusqu'alors, fait de la politique à distance, sans s'être réellement jetés dans la mêlée. Et justement, à la fin de sa vie, Jacques Bainville n'aurait eu qu'un regret : ne pas avoir participé plus activement à la vie politique française. Dans son article, Éric Zemmour évoque les dernières pensées de Bainville : « Sur son lit de mort, à un de ses amis qui lui vante ses qualités journalistiques et son aura internationale, il réplique : "Que voulez-vous que cela me fasse ! J'étais fait pour m'asseoir à la table de Vergennes" (le ministre des Affaires étrangères de Louis XVI qu'il admirait). »

À la télévision, Zemmour cite souvent un autre passage tiré de la première page de l'*Histoire de France* de Bainville, le déformant régulièrement. Voici l'original : « Le peuple français est un composé. C'est mieux qu'une race. C'est une nation. » Sur le plateau de BFM TV, le 18 octobre, Éric Zemmour transforme cette phrase en : « La France, ce n'est pas un empire ni une race, c'est mieux, c'est une nation. »

Jamais il n'évoque la suite de cette citation : « Unique en Europe, la conformation de la France se prêtait à tous les échanges de courants, ceux du sang, ceux des idées. »

Un peu avant 22 heures, Dimitri m'appelle :

— Alors, ça se passe bien ?

— Pas grand-chose à signaler, à part qu'il fait froid. Tu diras aux prochains d'apporter des couvertures.

— Tu es le premier à dormir au QG, donc tout n'est pas encore au point, me confesse Dimitri. La semaine prochaine, on aura un matelas et des plateaux-repas, si tout va bien.

— J'y pense, comment on ferme la porte à clé ? Ça ne fonctionnait pas, tout à l'heure.

— Il te suffit d'enfoncer la clé bien fort et de la tourner, m'indique Dimitri. Bon, je te dérange pas plus, on se voit demain matin. Je passerai pour qu'on fasse un débrief.

Une heure du matin. Je cesse de lire Bainville en grelottant dans le canapé. Ma lecture est intéressante. Elle brosse le portrait de la pensée historique d'Éric Zemmour. Notre histoire vue par Bainville, ce n'est pas juste une succession d'événements historiques, c'est une marche collective vers un idéal, la France.

Par ailleurs, Jacques Bainville est connu pour avoir « prophétisé » certains événements historiques : le fait que la Première Guerre mondiale serait longue (et non courte, comme beaucoup le croyaient) ou, dans l'entre-deux-guerres, l'échec programmé du traité de Versailles.

Bainville fait aussi partie des grandes figures de l'Action française, un mouvement à la fois littéraire, intellectuel, mais aussi antirépublicain, antisémite et antidreyfusard. Quand Bainville meurt, en février 1936, le député Léon Blum a le malheur de croiser le cortège funèbre avec sa voiture à cocarde. Des membres de l'Action française et des Camelots du roi le reconnaissent, le sortent de sa voiture, le jettent au sol et le frappent aux cris de « Au poteau Léon Blum ! » et « À mort le Juif ! »

Quand on effectue des recherches sur Bainville, on arrive très vite à son compagnon de route le plus connu : Charles Maurras. Ce dernier, qui fut le leader de l'Action française, théorisa une doctrine chère aux yeux d'Éric Zemmour : celle dite « du nationalisme intégral ». Zemmour partage l'analyse maurrassienne : la Révolution française aurait détruit les lois sacrées de la société en mettant l'individu au centre de tout, en ayant substitué aux vieilles traditions une nouvelle religion, celle des droits de l'Homme. Enfin, il y a les menaces venant de « l'étranger ». Dans son livre *L'Action française*[16], le professeur d'histoire Jacques Prévotat résume la vision de Maurras, selon laquelle « [le régime] est guidé et gouverné par les intérêts de l'étranger : les "quatre États confédérés" – à savoir "les Juifs, les francs-maçons, les protestants et les métèques" qui détruisent chaque jour la substance française. »

Au début de la Seconde Guerre mondiale, l'Action française accueille avec satisfaction l'arrivée du maréchal Pétain au pouvoir. Maurras parle de « divine surprise ». « Tout au long de ces quatre ans, analyse Jacques Prévotat, l'Action française adopte deux principes intangibles : d'abord l'obéissance exclusive au maréchal Pétain, ensuite l'attentisme, c'est-à-dire le refus de toute résistance, de toute reprise du combat, avant que le chef n'en donne l'ordre, le Maréchal étant seul qualifié pour apprécier la situation. » Depuis Londres, six mois après l'arrivée de Pétain, l'historien Raymond Aron observe que Maurras a été « promu doctrinaire officiel du nouveau régime ».

---

16. Presses universitaires de France, 2004.

À la Libération, en 1944, Charles Maurras est déclaré coupable « d'intelligence avec l'ennemi » et condamné à la prison à perpétuité. À l'énoncé du verdict, il s'écrie : « C'est la revanche de Dreyfus ! » Cette condamnation annonce la fin de l'influence de l'Action française.

Aujourd'hui, avec l'ascension zemmourienne, « l'AF » se trouve face à un cas de conscience assez surprenant. Une partie de ses membres trouvent en Zemmour un candidat inespéré pour le camp national, avec un profil d'intellectuel assez proche de Charles Maurras, leur maître à penser. Mais son origine juive pose problème à certains au sein du mouvement. Sur les réseaux sociaux, les militants de l'AF se déchirent sur cette question. Ça paraît ubuesque, mais, pour une frange de la droite radicale, Éric Zemmour est une épine dans le pied.

L'estomac vide, je me roule en boule sur le canapé, pour me réchauffer. Je ne suis pas du genre à avoir peur du noir, mais, seul dans ce grand QG, j'ai laissé plusieurs lumières allumées. Je sombre dans le sommeil, mais le froid et la lumière me réveillent à peu près toutes les heures.

À 7 h 50, je me lève, me passe un peu d'eau sur le visage, puis me poste au bureau blanc situé à l'entrée. Je dois assurer une autre permanence, celle de la veille sécurité sur Twitter. Je vois défiler les tweets insultant ou glorifiant Éric Zemmour. Je me contente surtout d'attendre Sophie Calvel, la secrétaire de Zemmour, qui devrait arriver la première. Quelqu'un sonne. Sur le bureau, un écran de contrôle relié à une caméra me permet de voir qui se trouve à la porte. J'aperçois un jeune homme brun au visage fin, vêtu d'une veste sombre. Je lui demande son identité à travers l'interphone. Le jeune homme me donne un prénom : « Édouard ». Ça ne m'aide pas vraiment. Je répète : « Édouard ? » Il répond : « C'est moi qui assure la prochaine permanence ! » D'un coup, je me souviens de Dimitri me prévenant, la veille, qu'un Édouard devait en effet assurer la relève. J'appuie sur le bouton d'ouverture.

— Salut ! Moi c'est Vincent.

— La nuit s'est bien passée ?

— À part le froid, c'était pas trop mal ! Je te fais faire le tour du QG ?

— Je connais déjà, j'étais à la formation sécurité d'hier soir.

Nous nous asseyons autour du bureau d'accueil. Je prends le carnet pour noter son arrivée et je lui explique qu'il doit y consigner les allées et venues de tout le monde. Édouard semble avoir tout juste la vingtaine. On sonne à nouveau à la porte du QG. Il s'agit de Sophie et de Dimitri.

J'avale un café avec Dimitri et lui décris ma nuit. Je glisse poliment que je rembourserai les cafés que j'ai consommés la veille quand je récupérerai de la monnaie. « L'écriteau avec marqué que c'est 20 centimes le café, ça ne compte pas pour toi, m'arrête Dimitri. On ne va quand même pas te demander de payer le café alors que tu dors sur place ! »

Contrairement à moi, Dimitri n'est pas bénévole. Soutien de la première heure, il m'avait raconté à notre premier coup de téléphone qu'il allait devenir salarié pour la campagne. En me raccompagnant à la porte, il me demande si je serai disponible la semaine suivante pour une nouvelle garde. « Mes vendredis sont libres. Je ne travaille que quatre jours par semaine. Donc, tous les jeudis soir, je suis à ta dispo, si ça te va ! Peut-être même certains week-ends. » Satisfait, Dimitri m'ajoute à « Permanence QG élite », un nouveau groupe Telegram. Je suis promu.

CHAPITRE 11

OBJECTIF PORTE-À-PORTE

Depuis plusieurs jours, j'essaie d'obtenir des affiches de Zemmour auprès de Johanna Humphrey, chargée du matériel de campagne. Chaque fois que je demande des affiches à Johanna, elle m'explique que le stock est vide et qu'il faut patienter. Le 7 novembre sonne la fin de l'attente. Sur le groupe Telegram « Collage – Paris Sud », Johanna poste un message: « Demain soir, 19 heures-21 heures, distribution d'affiches et autocollants au Pinceau[17], dans le 15e arrondissement. » J'ai déjà entendu parler de ce bar, où finissent, parfois, les soirées collage.

Le 8 novembre, à 19h10, je suis l'un des premiers arrivés au Pinceau. Installées en terrasse

17. Le nom du bar a été modifié.

malgré le froid, trois personnes discutent avec Johanna. Aux pieds de cette dernière, tout un tas d'affiches et de stickers. Je m'installe à leur table et me glisse dans leur conversation technique sur le prix du paquet de colle.

Nathan, le jeune aux sourcils broussailleux que j'avais rencontré lors de mon premier collage, vient lui aussi récupérer des affiches. Nous nous saluons. Johanna parle à présent de tractage :

— On va faire une première grosse opération au mois de décembre. Et après, quand la campagne sera bien avancée, on demandera aux gens s'ils sont dispos. Il y aura les marchés, les « boîtages » [distributions en boîtes aux lettres], le porte-à-porte.

— À Paris, c'est possible de faire du porte-à-porte ? s'étonne un certain Sébastien, à l'allure de mec cool d'école de commerce.

— On travaille stratégiquement, on a les listes électorales avec les résultats des bureaux de vote, éclaircit Johanna. On sait où aller pour toucher un public qu'on intéresse. Tracter dans une ville qui vote communiste, ça sert à rien. C'est du temps et de l'argent perdus.

— Et c'est chaud de tracter pour Zemmour ? demande Sébastien.

— Pas tant que ça, estime la responsable du matériel. On a fait des tests cet été, et les gens venaient d'eux-mêmes nous voir. On a profité des manifs antipasse pour distribuer des tracts, et ça s'est plutôt bien passé.

Au fur et à mesure de la soirée, d'autres militants viennent nous rejoindre. Avec Sébastien, nous revenons sur le débat qui a opposé Jean-Luc Mélenchon et Éric Zemmour sur BFM TV le 23 septembre. Sébastien reconnaît que le candidat de la France insoumise a été bon. Il m'explique être l'un des rares zemmouriens de son école de commerce. Je lui raconte les collages auxquels j'ai participé, lui n'en a jamais fait.

Je profite du départ de plusieurs personnes pour m'éclipser, après avoir récupéré un lot d'affiches et de stickers auprès de Johanna.

Je suis déçu de ne pas avoir trouvé de camarades pour m'accompagner à la prochaine « conférence littéraire » de Zemmour, programmée à Bordeaux le 12 novembre. Il se murmure chez les militants que le discours bordelais pourrait être le dernier grand rassemblement avant une déclaration officielle de candidature.

Le jeudi 11 novembre, à défaut d'avoir trouvé un covoiturage pour me rendre au rassemblement zemmourien, j'écris à Mathieu, le militant LR binoclard investi dans le pôle écologie de la campagne, rencontré dans le covoiturage pour Nantes. Il m'avait dit qu'il se rendrait à la conférence de Bordeaux en train. « Salut Mathieu ! Tu vas bien ? Je cherchais un covoit' pour Bordeaux, mais je crois que c'est peine perdue, je vais opter pour le train comme toi. Ça te dit que je vise le même que toi, histoire de refaire le trajet ensemble ? :) » Vingt minutes plus tard, mon téléphone se met à vibrer. Je reçois un cordial « Avec plaisir ! », suivi d'une capture d'écran de son billet de train. Je réserve mon billet, puis Mathieu me rappelle qu'il nous reste encore à trouver un toit. Je le laisse s'en occuper, pour voir où cela nous mènera. D'autant que, comme nous sommes jeudi soir, je dois passer ma deuxième nuit de garde au QG de campagne.

Cette fois-ci, Dimitri, le responsable de la sécurité du QG, a indiqué sur le canal Telegram « Permanence QG élite » que nous avons droit à un repas et un matelas, et que le chauffage est réparé. Le grand luxe comparé à ma première nuit. Le soir même, j'arrive dans le local rue Jean-Goujon. Je reconnais Édouard derrière le bureau blanc du hall d'entrée.

Trois personnes s'apprêtent à quitter les locaux : Sarah Knafo ainsi que deux hommes. Édouard lance : « Merci pour votre travail ! » Polie, mais pressée, Sarah Knafo nous remercie en retour pour notre engagement avant de s'en aller. Édouard me confie les clés du QG et m'abandonne à son tour. Je remarque que les porte-clés kalachnikov et éléphant républicain ont été remplacés par un ruban bleu marqué d'un « *Remove before flight* ».

Le bâtiment vidé de ses occupants, je me replonge dans l'*Histoire de France* de Jacques Bainville, avant de regarder un des films adaptés de *One Piece*, l'un de mes mangas favoris. Dès les premières minutes, je relève une chose : le méchant, prénommé Zéphyr, se fait appeler « Z ».

CHAPITRE 12

OPÉRATION WIKIZÉDIA

Je viens de rejoindre un nouveau groupe de travail nommé « WikiZédia ». J'avais repéré cette initiative début octobre, sur le canal Telegram « Groupe de discussion », ouvert à 1 400 personnes. Un membre proposait de « Contribuer à Zemmour & Wikipédia : ajouter du contenu qui concerne Zemmour, compléter et rectifier si nécessaire. => contacter @Choucroutegourmande ».

Je contacte @Choucroutegourmande le 10 novembre, lui signifie mon envie de contribuer, et me voilà intégré à WikiZédia. Une fois de plus, personne ne vérifie mon identité. Et là, c'est vertigineux : j'ai désormais accès à des stratégies et des tactiques officieuses, non assumées publiquement.

Cette petite cellule de militants pro-Zemmour ne se réunit jamais physiquement. Les Wikizédiens se coordonnent uniquement par Internet et échangent à travers différentes messageries. Ils sont huit à converser sur Discord et onze à échanger sur Telegram, principalement les mêmes personnes.

Dans un guide posté sur le Discord WikiZédia, les objectifs de cette cellule numérique sont décrits ainsi :

> Le but de la mission est de rendre Éric Zemmour, Génération Z et Les Amis d'Éric Zemmour le plus visible possible sur Wikipédia, de plusieurs manières :
> – en référençant la page d'Éric Zemmour depuis le plus de pages possible (par exemple en donnant l'avis d'Éric Zemmour sur des pages diverses : « Éolienne »...) ;
> – en listant ses apparitions télévisuelles/radio sur des pages dédiées au cas où il est chroniqueur/hôte, en le mentionnant sur la page de ladite émission s'il est invité ;
> – en améliorant la page d'Éric Zemmour afin de rediriger les gens sur nos listes du point précédent (afin que les gens puissent l'écouter sur tel ou tel sujet).

Deux autres consignes un peu techniques sont données pour « augmenter [la présence d'Éric Zemmour] sur les recherches Google ». Le guide s'achève en listant les « pages cibles » de l'encyclopédie. Parmi celles présentées comme prioritaires : « Éric Zemmour » ; « Face à l'info » ; « Zemmour et Naulleau » ; et certaines pages du « Portail de la politique française ».

Dans la conversation Telegram, un certain Gabriel se présente comme chargé de la page Wikipédia du Z. Il distille ce conseil : « Pour gagner en crédibilité et imposer ses choix éditoriaux, il ne faut pas paraître orienté. » Ce Gabriel précise en quelque sorte la ligne éditoriale à respecter, une sorte de travail d'équilibriste où, pour pouvoir orienter le contenu, il faut disposer de sources crédibles, ne pas s'appesantir sur un point de détail (donc respecter une règle de proportionnalité) et éviter de se faire révoquer par d'autres contributeurs de l'encyclopédie en ligne qualifiés par Gabriel de « gauchistes qui polluent la page ».

Gabriel ajoute ce qu'il a appris de son expérience : « Je le déplore, mais il est quasiment impossible de procéder à des ajouts qui paraissent partisans sans s'appuyer sur des articles de presse "*mainstream*" (malheureusement...). Il faut donc la jouer assez finement. D'ailleurs, à mes débuts, j'ai fait l'objet de sanctions (blocages) pour des modifications trop engagées. » Il cite l'exemple de *Valeurs actuelles* qui, d'après « l'observatoire des sources » de Wikipédia, est décrit comme « un magazine marqué politiquement à droite, voire à l'extrême droite. Les discussions insistent quant à la nécessité de ne l'utiliser qu'en complément d'une source secondaire de qualité. »

La discussion WikiZédia sur Discord se décompose en plusieurs sous-conversations : « général » ; « consignes » ; « pseudos Wikipédia »... Puis il y a aussi une conversation pour chaque page Wikipédia ciblée par le petit groupe, notamment : « Éric Zemmour » ; « Face à l'info » ; « CSA » ; « La France n'a pas dit son dernier mot » ; « diverses ».

La page « consignes » rappelle les priorités : « Mettre à jour les pages "CSA" ; "Face à l'info" ; page "Liste des épisodes Face à l'info" ». Et créer ainsi, au sein de Wikipédia, une myriade de nouveaux liens concernant de près ou de loin Éric Zemmour. Ça a l'air compliqué, mais c'est pourtant très simple. Il s'agit d'un lobbying numérique qui s'évertue à contourner les règles imposées par Wikipédia.

À quoi peut bien servir ce travail de fourmi ? Gabriel donne la réponse : « Ne lâchez pas la page du Z, qui est encore vue 50 000 fois par jour (émoticône biceps gonflé). » 50 000 vues par jour. D'après les chiffres fournis par la Wikimédia fondation, la page « Éric Zemmour » est la plus consultée de France sur l'année 2021. Et de loin : 5,2 millions de pages vues. En seconde position, il y a « Élisabeth II » (4,5 millions) puis « Cristiano Ronaldo » (3,9 millions). Plus la campagne s'intensifiera, plus ce chiffre risque d'être élevé. Voici donc l'enjeu central de cette opération : le contrôle de la « vérité » en ligne.

Prenons par exemple la page concernant le Conseil supérieur de l'audiovisuel, alias le CSA. Au cours de sa vie, Éric Zemmour a connu plusieurs conflits avec cette autorité publique, tous rappelés sur la page Wikipédia du CSA. En 2017, ce dernier met en demeure RTL pour des propos du Z vus comme « un éloge de la discrimination », une décision annulée l'année suivante par le Conseil d'État. En décembre 2019, le CSA met en demeure CNews pour des propos tenus dans son émission *Face à l'info*, où Éric Zemmour se déclarait « du côté du général Bugeaud » qui – rappelait lui-même le polémiste –, lorsqu'il

« arrive en Algérie [...], commence à massacrer les musulmans et même certains juifs ». Le CSA avait estimé que ces propos pouvaient être perçus comme une incitation à la haine ou à la violence envers les musulmans. CNews avait contesté cette vision et s'était abritée derrière la liberté d'expression.

Enfin, l'affrontement le plus récent entre le Z et le CSA date de septembre 2021. Il a même précipité l'entrée en précampagne d'Éric Zemmour, car, à partir du 8 septembre, le CSA a décidé de décompter son temps de parole comme celui d'un candidat, quand bien même il ne s'était pas officiellement déclaré.

Dans la conversation « CSA » du projet WikiZédia, un militant se faisant appeler « KheyduQuébec » précise qu'il a ajouté sous l'intitulé « Remise en cause de son impartialité » la phrase suivante: « L'ex-membre du CSA Christine Kelly dénonce la décision qui va, selon elle, favoriser l'exécutif. » Sur l'actuelle page Wikipédia du CSA, la phrase a quelque peu évolué, mais l'objectif des militants zemmouriens est atteint: il existe un point de vue opposé au CSA, un point de vue qui défend le Z. Peu importe si ce point de vue émane de Christine Kelly, ex-collègue et amie d'Éric Zemmour (ce n'est pas précisé sur la page à l'heure où j'écris ces lignes), il existe. Et tous les lecteurs de cette page le verront.

Cette guerre numérique est patronnée par un certain « Samuel ». Dans les conversations, les membres du projet WikiZédia disent prendre leurs directives auprès de lui. S'il n'y a pas de « Samuel » sur Discord, il y en a bien un, surnommé « Grand Chef », sur la conversation Telegram, et il est loin d'être un inconnu. Son nom apparaît un peu plus loin en entier : Samuel Lafont. À 33 ans, il est le patron de la stratégie numérique de la campagne d'Éric Zemmour.

Dans une conférence à usage interne de Génération Z à laquelle j'ai pu avoir accès, Samuel Lafont retrace lui-même une partie de son parcours militant, notamment à l'UNI, le syndicat universitaire de droite, qu'il décrit comme « son école de formation ». Il explique y avoir gravi tous les échelons. Il a d'abord créé une section de l'UNI *ex nihilo* à Nîmes, a continué son activisme à Montpellier et a fini par être élu au conseil national des étudiants de ce syndicat à Paris.

Avec un débit rapide qui lui fait parfois manger ses mots, Samuel Lafont résume ainsi ses débuts « sur le terrain » : « Pas de parlotte, pas de perte de temps, on doit monter une section, on doit diffuser nos idées, trouver des militants, c'est-à-dire aller voir des gens qu'on ne connaît pas, discuter avec eux, être à l'écoute, parler dans un amphithéâtre, recruter, recruter et recruter tous les jours. Très important pour moi, pour créer la plus grande section, le plus vite possible, aller sur des sites qu'on ne connaît pas : moi j'étais à la fac de droit, on est allés sur l'IUT, on est allés en fac de médecine, ça permet de voir beaucoup de gens. »

Une fois au bureau national de l'UNI, Samuel Lafont est alors chargé de « la banane », un arc géographique comprenant les sections de Brest à Strasbourg. Mais il s'est surtout fait connaître dans les médias en tant que militant actif de La Manif pour tous, mouvement de lutte contre le mariage homosexuel, car il se situait dans sa branche radicale dite du « Printemps français ». Fin 2012, alors que le Premier ministre Jean-Marc Ayrault confirme le projet de loi sur le « mariage pour tous », Samuel Lafont tweete « Est-ce que je peux me marier avec mon chien alors ? » et relaye une photo truquée associant homosexualité et pédophilie, dans laquelle une militante pro-mariage homosexuel brandit une pancarte indiquant : « Mes deux papas me pètent le cul quand je veux » (en réalité, la vraie pancarte annonçait « Mes deux papas te pètent la gueule quand tu veux »)[18]. Dans son livre-enquête *Le Radicalisé : enquête sur Éric Zemmour*[19], le journaliste Étienne Girard résume ainsi la croisade de Samuel Lafont : « Depuis plusieurs années, ce passionné de jeux vidéo et du Japon s'attelle à dresser des ponts entre la droite parlementaire classique et la droite radicale. »

Samuel Lafont a aussi participé à la campagne de François Fillon, en tant que responsable d'une partie de ses réseaux sociaux. Mais, selon Samuel Lafont : « La campagne de François Fillon sur le numérique n'était pas resplendissante. [...] Je pense que Fillon lui-même n'a pas fait en sorte que la campagne sur le numérique soit aussi bien, parce qu'au bout d'un moment, c'est le chef qui décide. Comme je dis souvent : dans une voiture, il n'y a pas que les roues. Les réseaux sociaux,

---

18. « Samuel Lafont, catho tradi obsédé par les "racailles" et les homos, rejoint le pôle "Société civile" de l'équipe Fillon », Assma Maad, *Buzzfeed News*, 16 mars 2017.
19. Le Seuil, octobre 2021.

c'est comme si c'étaient les roues de la voiture. Ensuite, il y a les sites, l'emailing, tout ce qui est fait derrière. Et puis il y a l'aspect stratégique, je n'avais pas la possibilité d'établir la stratégie à l'époque, je devais davantage appliquer. »

Samuel Lafont est également le fondateur de Damocles.co, site visant à « permettre aux Français de reprendre le pouvoir » par « la reprise du contrôle de l'information ». Dans ce projet, rappelle une enquête de *Mediapart*[20], Samuel Lafont a été assisté de Samuel Goujon, créateur du site antisémite « Ils sont partout » qui recense les personnalités juives. Damocles.co est accusé par les services de fact-checking du *Monde* de « diffuser parfois des informations erronées ou trompeuses comme lorsqu'il a déformé des propos de la députée LRM Sonia Krimi sur les Frères musulmans ou lorsqu'il a relayé des vidéos prétendant qu'il serait presque impossible de faire brûler du vieux chêne après l'incendie de Notre-Dame de Paris ». Samuel Lafont lui-même a relayé une information selon laquelle Emmanuel Macron disposait d'un prétendu compte bancaire caché en Suisse. En résumé,

---

20. « L'équipe de campagne d'Éric Zemmour : le listing secret », Lucie Delaporte et Marine Turchi, *Mediapart*, 20 octobre 2021.

il se concentre davantage sur l'effet que peuvent provoquer les « informations » qu'il diffuse plutôt que sur leur exactitude.

Toujours d'après le livre d'Étienne Girard, Samuel Lafont rapporte lui-même qu'il a écrit un mail à Éric Zemmour en février 2021 : « Je connais Internet, si je peux vous aider, je vous aiderai. » Or Sarah Knafo a déjà rencontré cet ancien du bureau national de l'UNI, qui a aussi été le collaborateur de la sénatrice LR des Français de l'étranger Joëlle Garriaud-Maylam. Les journalistes de *Mediapart* Lucie Delaporte et Marine Turchi rappellent que le jeune homme dispose d'un « trésor de guerre » issu de son engagement dans La Manif pour tous et de son site : « Année après année, en lançant des pétitions en ligne sur ses sujets fétiches (l'immigration, l'islam), il a collecté près de 800 000 adresses mail de sympathisants d'une droite dure. » Fort de ce CV bien fourni, il intègre le poste de pilotage de l'équipe de campagne.

Samuel Lafont dirige désormais toute la stratégie numérique du Z. Il participe activement à la visibilité de son candidat sur Twitter, au point de s'être fait surnommer « le Monsieur Hashtag de Zemmour » par le *Journal du Dimanche*. Si Zemmour remonte si régulièrement en tendance

Twitter, si sa campagne en ligne connaît un tel succès, c'est notamment grâce à son travail. Et me voilà intégré à l'une de ses équipes. Une équipe fantôme.

CHAPITRE 13

« DU JAMAIS-VU »

L'une des consignes fournies au sein de la cellule fantôme WikiZédia est barrée avec la mention « impossible ». Cette consigne vise toujours à « rendre Éric Zemmour [...] le plus visible possible sur Wikipédia en améliorant la page d'Éric Zemmour afin que ses opinions soient moins relativisées alors que ses contradicteurs n'ont pas dans la page actuelle leurs opinions relativisées ». Un commentaire précise : « Les admin (de Wikipédia) surveillent la page et annulent toute modification *controversée*. Toutes nos tentatives ont échoué. »

En effet, tous les coups ne sont pas permis sur l'encyclopédie en ligne. D'abord, les contributeurs réguliers veillent au grain. Ensuite, si par exemple « une guerre d'édition » se déclare, des « admin » (administrateurs) veillent au respect des règles de neutralité, notamment sur les pages les plus disputées.

L'un des administrateurs les plus actifs de Wikipédia s'appelle Jules. Je le rencontre grâce à une connaissance, elle-même grande contributrice de l'encyclopédie en ligne. Je veux poser des questions à Jules pour comprendre le fonctionnement général de Wikipédia et mieux saisir ce que j'observe dans la cellule WikiZédia.

Jules a commencé son activité sur l'encyclopédie en ligne à l'âge de 16 ans. À 17 ans, il est nommé « admin » à la suite d'un vote de la communauté des contributeurs. Dix ans plus tard, nous sommes en 2021, Jules a 27 ans et compte plus de 400 000 contributions à son actif, un « score » qui fait de lui le 19e contributeur de Wikipédia en langue française[21]. Pour Jules, Wikipédia est « une utopie vivante ». « Il n'y a pas de rédacteur en chef, tout est transparent et le but est le partage du savoir libre et gratuit. » Il y a 159 administrateurs pour la partie francophone. Un admin n'a pas de fonction éditoriale, il n'intervient pas dans les débats. « Presque comme un garant de la Constitution, précise

21. Chiffres fournis par la fondation Wikimédia.

Jules, un admin veille à faire respecter le consensus et les principes fondateurs de Wikipédia. » Ces principes fondateurs sont au nombre de cinq : « 1. Wikipédia est une encyclopédie ; 2. Wikipédia recherche la neutralité de point de vue ; 3. Wikipédia est publiée sous licence libre et ouverte à tous ; 4. Wikipédia est un projet collaboratif qui suit des règles de savoir-vivre ; 5. Wikipédia n'a pas d'autres règles fixes. »

Un admin dispose de plus d'outils que les simples contributeurs, détaille Jules : « Nous pouvons bloquer un compte ou une adresse IP, supprimer des pages quand il y a du vandalisme, des insultes, un canular ou quand le plombier du coin se crée une page. La publicité est interdite. Il faut aussi une certaine ancienneté. Pour qu'un sujet fasse l'objet d'un article sur Wikipédia, sa notoriété doit être établie sur plusieurs années, ne pas être éphémère. Par exemple, avec François Asselineau, on a considéré au début qu'il n'était pas admissible sur Wikipédia, ses militants nous ont beaucoup spammés, on a dû supprimer sa page en boucle pendant des mois. »

Avant de soumettre à Jules les informations dont je dispose, je lui décris l'existence de la cellule, sans préciser de quel candidat il s'agit. Jules est catégorique : aucun homme politique n'a jamais mis en place une telle cellule à sa connaissance. Parfois, il y a bien un ou une attaché(e) parlementaire qui tente d'alimenter la page d'un député ou d'un sénateur. C'est en général grossier et très vite rectifié par la communauté des contributeurs.

Jules propose de m'aider. Si je partage toutes mes informations avec lui, grâce à ses outils et à son savoir-faire, il pourra me décrire en détail l'activité de chacun des membres de la cellule. Même ce qu'ils taisent sur les différents canaux de conversation. L'intérêt public de ces informations est évident. Je pose tout de même deux conditions : que Jules ne dise rien à personne avant la parution de mon livre, et, surtout, qu'il ne procède à aucune intervention en tant qu'admin sur les pages concernées. Ainsi, la communauté des contributeurs de Wikipédia pourra, lorsque ces informations seront rendues publiques, décider ce qu'il convient de faire comme elle l'aurait fait si Jules ne m'avait pas aidé. Jules accepte.

Quand il prend connaissance de la mission secrète que se sont fixée des militants zemmouriens, Jules écarquille les yeux : « C'est du jamais-vu. Seules des agences de communication avaient déjà monté des équipes pour des clients, on a d'ailleurs publié une enquête[22] en 2020 sur cette affaire. C'était subtil. Mais un homme politique, candidat à la présidentielle, c'est la première fois que c'est documenté. Et c'est édifiant. »

Selon lui, les militants de GenZ en cause bafouent toutes les règles de Wikipédia. « Le simple fait de vouloir mettre en avant quelqu'un, une personnalité politique, y compris sur des pages non pertinentes, c'est contraire au premier principe fondateur : Wikipédia est une encyclopédie. S'ils viennent nuancer artificiellement des critiques, ça contrevient a priori à la neutralité de point de vue. Vouloir utiliser des sources de faible qualité, des sources militantes, c'est vouloir faire passer des points de vue minoritaires comme majoritaires. Ils ne sont pas dans une démarche transparente. Ils bafouent allègrement presque tous les principes fondateurs. Le but général même de leur cellule est contraire à l'esprit de toutes les règles. Ils risquent tous l'une des sanctions les plus fortes : le blocage indéfini. Voire celle du dessus, le bannissement. Mais ce sera à la communauté de décider. »

---

22. « Comment Wikipédia repère les comptes qui améliorent l'image d'entreprises ou de PDG », Simon Auffret, *Le Monde*, 10 mai 2020.

CHAPITRE 14

BORDEAUX

Vendredi 12 novembre. Je dépose mon Vélib' électrique à quelques centaines de mètres de la gare Montparnasse. Boulevard Edgar-Quinet, je passe devant le siège d'Albin Michel. Entre la maison d'édition et Éric Zemmour, son ancienne poule aux œufs d'or, les relations se sont refroidies. Fin juin 2021, Albin Michel annonçait renoncer à faire paraître *La France n'a pas dit son dernier mot*. Gilles Haéri, le directeur général de la maison d'édition, s'en était justifié en déclarant : « Éric Zemmour a décidé de changer de statut, il veut devenir un homme politique, engagé dans un combat idéologique personnel qui ne correspond tout simplement pas à la ligne éditoriale d'une grande maison généraliste comme Albin Michel. »

Quelques semaines plus tard, Éric Zemmour attaquait en justice son ancien éditeur pour rupture abusive de contrat et lui réclamait 4 millions d'euros. Dans un numéro de *Complément d'enquête* consacré au polémiste, les journalistes de l'émission de France 2 avaient sorti leur calculette: en s'autoéditant, Éric Zemmour pourrait gagner jusqu'à deux fois plus d'argent pour chaque exemplaire vendu.

J'ai rendez-vous avec Mathieu le binoclard à 12 h 30 à la Fnac de Montparnasse. Nous nous retrouvons, avalons un sandwich et grimpons dans le TGV qui nous emmènera à Bordeaux. « Je vais profiter du trajet pour avancer un peu sur mon boulot », me prévient Mathieu en sortant son ordinateur. Il tourne son écran vers moi. Je ne vois qu'un amas de points rouges, orange et jaunes.

— Qu'est-ce que c'est que ça?

— Le taux de pauvreté à Lyon en fonction des quartiers. On va aller faire du porte-à-porte. Ça, ce sont les zones qui nous semblent prioritaires, m'explique-t-il en désignant plusieurs endroits sur la carte de Lyon. Et il faut vérifier sur place qu'on y est mieux accueillis.

— Et les données, comment tu les as eues?

— *Secret*, me répond Mathieu en prenant un accent anglais. C'est un croisement de beaucoup de choses.

Il coche et décoche plusieurs cases pour me montrer les paramètres avec lesquels il peut jouer.

— Là, c'est ceux qui ont voté Fillon au premier tour en 2017, là c'est l'abstention. Maintenant, c'est la pauvreté des ménages. Et si tu regardes ceux qui ont voté pour Marine Le Pen, ce sont les mêmes quartiers.

Après ses explications, Mathieu me tend maladroitement une carte de visite d'une ville de la banlieue ouest de Paris, sur laquelle figure son nom à côté des mots « Conseiller municipal ». Je m'étonne :

— T'es conseiller municipal, toi ?

Mathieu acquiesce et me glisse une seconde carte de visite au même intitulé, en insistant sur la texture, « plus agréable ». Je ne peux m'empêcher de penser à la scène du film *American Psycho* dans laquelle le personnage principal, un *golden boy* new-yorkais joué par Christian Bale, se lance dans un concours de « qui a la plus belle carte de visite » avec ses collègues.

15 h 40, gare de Bordeaux Saint-Jean. Nous prenons le tramway et, dix-sept stations plus tard, nous arrivons enfin à destination.

Des grappes de CRS sont postées autour du palais des congrès. La veille, la gauche radicale a organisé une manifestation devant la mairie de Bordeaux, conduite par le candidat du Nouveau Parti anticapitaliste à la prochaine présidentielle, Philippe Poutou, également conseiller municipal de la ville. Dans la semaine, l'équipe de veille Twitter, dont je fais partie, a fait remonter plusieurs tweets menaçants autour de cet événement. L'un d'eux promettait par exemple de mettre de la peinture « sur la gueule de Zemmour ». Sur place, l'ambiance paraît calme. Il n'est que 16 h 30, mais une centaine de personnes attendent sagement en rang d'oignons l'ouverture des portes, parmi lesquelles une bonne moitié ont moins de 30 ans.

Mathieu regarde frénétiquement son téléphone et m'annonce : « Stanislas vient de me répondre qu'il n'est pas là aujourd'hui. » Mathieu est toujours en train d'envoyer des messages pour trouver d'éventuels contacts présents sur place quand Hilaire Bouyé apparaît. Les yeux bleus cristallins, blond avec une coupe militaire, Hilaire Bouyé, numéro deux du mouvement GenZ, arbore une silhouette charpentée de rugbyman. Comme beaucoup de recrues du mouvement, il a fait ses classes au sein de l'UNI, à Angers. Il est moins connu du grand public que Stanislas Rigault ou Samuel Lafont et pour cause : il semble éviter les médias. Le web compte davantage de photos de lui, le visage poupon, à l'époque où il jouait le chef de la « patrouille sanglier » chez les scouts, que d'apparitions publiques récentes. En fouillant un peu sur Internet, et malgré un compte Twitter en accès restreint, on peut encore trouver une photo de lui en 2017, à l'inauguration de la section dijonnaise de l'association Sens commun, l'une des nombreuses entités issues de la Manif pour tous. Cette discrétion en ligne n'en fait pas pour autant un inconnu auprès des militants GenZ : Hilaire Bouyé n'hésite pas à prendre le micro pour chauffer la salle lors des soirées du mouvement. Sur le réseau social professionnel LinkedIn, il apparaît vêtu d'une veste Lonsdale, marque prisée des skinheads.

Cigarette aux lèvres, Hilaire Bouyé intime aux militants de quitter la file d'attente pour s'approcher de lui. « Déjà, merci d'être venus aussi nombreux. Je m'appelle Hilaire. Stanislas ne pouvait pas venir, mais il m'a chargé de vous remercier. » Puis l'ancien représentant de l'UNI martèle son objectif de la soirée : éviter des échauffourées avec les antifas. « Je rappelle qu'on ne veut pas de bagarre. On est des adversaires pour eux, et je ne veux pas qu'un soutien d'Éric Zemmour, un Génération Z, soit associé à ça. Donc on ne va pas à leur contact, aussi parce qu'on n'a pas envie de choper des maladies ! » Des rires s'échappent de la foule. Hilaire finit par nous inviter à entrer dans le palais des congrès pour aller récupérer la tenue d'accueil. Sur notre gauche, les journalistes nous devancent. Une caméra avec une petite inscription « Livre noir » retient mon attention. Je reconnais la personne qui la porte : Maud Koffler, rédactrice en chef web du nouveau média de la droite radicale.

Lancée au printemps 2021, cette chaîne YouTube, aux codes proches de ceux de la chaîne Thinkerview – fond noir, intervieweur non visible, format long – se transforme petit à petit en un média en ligne plus classique, avec des articles écrits et une formule premium payante. Erik Tegnér et François-Louis de Voyer, deux des cofondateurs, sont des proches de Marion Maréchal Le Pen. Les fondateurs affirment que leur média n'est « ni de droite ni de gauche », et avancent comme preuve la diversité des interviewés : Juan Branco, la députée LREM Aurore Bergé ou l'écrivain François Bégaudeau. Début juin 2021, Livre noir publiait un entretien avec

Éric Zemmour, devenu l'un des plus visionnés de la chaîne avec plus d'un million de vues.

Égal à lui-même, Mathieu tente de repérer des têtes connues dans la queue pour se greffer à leur groupe. « Ah tiens, je vois Marie, là, juste devant. Viens, je vais te présenter. » Nous nous approchons d'une femme aux allures d'étudiante en hypokhâgne. Les cheveux blond vénitien, une grosse paire de lunettes sur le nez, l'air introvertie, « Marie » n'est autre que Marie Durand, ingénieure et tête de gondole du mouvement « Les femmes avec Zemmour ». Ce groupe surgit au printemps 2021, à travers quelques affiches placardées dans les rues d'Aix-en-Provence et de Toulouse, reprenant les codes des collages féministes. Ancienne militante à Debout la France, Marie Durand s'est éloignée du parti de Nicolas Dupont-Aignan pour soutenir Zemmour, qu'elle estime le mieux placé pour « rassembler la droite et les patriotes », « défendre les femmes » et « remporter la présidentielle[23] ».

Mathieu salue les personnes qui accompagnent Marie Durand. Comme promis, il

23. « Élue à Elbeuf, Marie Durand est l'une des fondatrices du comité "Les Femmes avec Zemmour" », Thomas Rideau, *Le Journal d'Elbeuf*, 12 novembre 2021.

m'introduit : « Je vous présente Vincent, militant GZ. » Un homme d'une trentaine d'années, crâne assez dégarni et ventre rond, vient se joindre aux présentations. Il s'agit d'un policier en civil, venu de Toulouse pour participer à l'organisation de la « conférence littéraire ». Intéressé, Mathieu récupère son numéro de téléphone. Avec l'équipe de campagne, Mathieu aimerait faire venir Zemmour à Marseille, mais il bute sur les forces de l'ordre locales, qui estiment que ça pourrait créer du grabuge.

Arrivé devant l'équipe de sécurité, je présente mon passe sanitaire, mon billet, et un agent me fouille. À gauche de l'entrée, un militant me remet un tee-shirt blanc avec une inscription bleue « Zemmour 2022 ». Nous déambulons dans le grand hall d'entrée, et Mathieu m'entraîne vers un jeune homme aux cheveux gominés, lunettes rectangulaires, costard et cravate verte. Mathieu me le présente en le prenant par l'épaule :

— Dénis Cieslik ! Il s'occupe de la distribution des tracts, c'est son métier.

— Exactement, je distribue des tracts !

— Un jour, il est allé en distribuer sur CNews, parce que les journalistes sont assez crèmes, en général.

Candide, je demande si c'est une histoire vraie. Mathieu reprend :
— Non, Dénis, c'est le boss des parrainages.
— Et ça marche bien ?
Son visage redevient sérieux tout à coup.
— C'est un sujet difficile. Ça marche, ça marche bien, mais c'est vraiment pas facile. On les aura, mais les gens pensent que c'est acquis, alors que c'est loin d'être le cas. Parce que les autres partis, ils ont des élus, une assise territoriale… Nous, on n'a que dalle.

La course aux 500 signatures, nécessaires pour présenter une candidature à l'élection présidentielle, s'est complexifiée depuis la loi du 25 avril 2016. Cette réforme a entraîné deux changements majeurs : les élus doivent désormais envoyer eux-mêmes leurs parrainages au Conseil constitutionnel par voie postale, et les signatures deviennent alors publiques.

Dénis Cieslik se remet à plaisanter : « Je maintiens, c'est pas impossible qu'on n'y arrive pas. Si ça arrive, je pars en Alaska pour le reste de ma vie. L'enfer, l'enfer. Je m'en remettrai jamais. »

J'abandonne Mathieu et Dénis pour aller effectuer mon travail de militant. Un zemmourien me remet des tracts et des autocollants.

J'en distribue quelques-uns, puis, au bout d'une demi-heure, je décide de déserter mon poste et de m'installer sur un strapontin au fond de la salle.

19 h 15, nous attendons toujours l'arrivée de Zemmour. Sur scène, Génération Z et le collectif « Les femmes avec Zemmour » tentent de chauffer la salle avec une *Marseillaise* entonnée debout à pleins poumons, suivie par *La Strasbourgeoise*, un chant militaire revanchard composé après la défaite de 1870 face à la Prusse :

> Vous avez eu l'Alsace et la Lorraine,
> Vous avez eu des millions d'étrangers,
> Vous avez eu Germanie et Bohême,
> Mais mon p'tit cœur, vous ne l'aurez jamais,
> Mais mon p'tit cœur, lui, restera français !

Tout le monde se lève pour applaudir et scander des « Zemmour président ». Il apparaît enfin sur scène. Avec beaucoup d'enthousiasme, le futur candidat salue la foule avant d'entamer son discours. Comme à Nantes, il fait l'éloge historique de la ville et de sa région, flattant au passage ses habitants. Sans nommer l'ennemi, il loue les Français qu'il veut « libres de dénoncer les envahisseurs qui nous menacent. Libres de combattre ceux qui nous agressent, nous violent et nous tuent. Libres de se battre pour retrouver leur pays. Libres de lutter contre ceux qui veulent nous faire disparaître. »

Il poursuit avec une série de questions-réponses. « Est-ce que vous interdirez le halal si vous devenez président ? » L'ancien journaliste, qui semble un peu embarrassé, rétorque qu'il ne l'interdirait pas, même s'il trouve cette méthode d'abattage brutale. Je reçois un SMS de Mathieu. Il me demande si je veux venir au premier rang à côté de lui. Je le rejoins sans hésiter, m'assieds à une dizaine de fauteuils de Sarah Knafo. « Tu veux que je t'introduise auprès d'elle à la fin du discours ? » me demande-t-il. « Pourquoi pas ! » Éric Zemmour poursuit avec un point presse. Mathieu me fait signe qu'il est temps de s'approcher de Sarah Knafo. Une cour se presse autour d'elle. Au bout de cinq minutes, Mathieu entrevoit une ouverture :

— Salut, Sarah, comment vas-tu ?

— Très bien, et toi ?

— Bien aussi ! Je te présente Vincent Carayon, un militant de Génération Z.

Sarah me serre la main :

— Enchantée !

Sarah Knafo nous abandonne, et Mathieu me raconte qu'au moment de la question sur le halal elle a adressé un signe à Zemmour pour qu'il élude la question d'une façon ou d'une autre. Ce n'est pas la première fois qu'elle intervient lors des discours du futur candidat. Lors d'un meeting donné à Nice le 18 septembre, après avoir regretté que trois victimes de Mohammed Merah aient été inhumées en Israël, le polémiste avait écorché leur nom de famille à deux reprises. Sarah Knafo avait alors essayé, sans succès, de le faire rectifier en lui montrant un bout de papier sur lequel elle avait écrit « Sandler !!! »

Je me dirige vers la sortie pour fumer. Déjà 22 heures. Il s'agirait de commencer à s'assurer qu'on aura bien un toit ce soir. Mathieu appelle l'homme qui se propose de nous héberger. Nous apercevons alors quelqu'un au loin nous faire des signes de la main. Le jeune homme affiche une dégaine immanquable : un béret, des lunettes rondes, des cheveux rasés et une barbichette. Il se prénomme Charles et il nous propose de sortir. Des amis à lui nous rejoignent, l'un d'eux nous prévient : « Par contre, les gars, avant de partir d'ici, changez de tee-shirt, parce que je crois qu'il y a encore des antifas près du tramway. »

Alors que nous nous changeons dans les vestiaires, Charles me confie avec satisfaction qu'il a convaincu politiquement sa nouvelle copine… et qu'elle n'a pas encore de papiers français. « Elle est née au Portugal, détaille Charles. Elle est arrivée en France avec ses parents à l'âge de 3 ans, mais elle va bientôt avoir la nationalité française. » Charles s'éclipse un instant, je retourne fumer une cigarette. Un militant brun et barbu, affublé d'un tee-shirt « Zemmour 2022 », sort son briquet pour allumer – fait rare – une cigarette de tabac à rouler. Je pars à sa rencontre et il me tend directement son feu. Il s'appelle Alexis. Je lui dis que je viens de Paris. « J'y suis allé une fois, m'annonce-t-il fièrement. J'en ai profité pour visiter le musée de l'Armée. » Quand je lui demande ce qu'il fait dans la vie, il hausse les sourcils d'un air dépité : « Je suis en pleine décadence, je suis surveillant dans l'Éducation nationale. Y a pas longtemps, des lycéens sont venus me demander comment on fait s'il y a un d'entre eux qui change de sexe, tu vois le niveau du truc ? » D'autres choses lui paraissent insupportables : l'écriture inclusive, le repas végétarien du jeudi à la cantine ou le menu halal proposé à Sciences Po Grenoble.

Il fait référence à une polémique remontant au mois d'octobre. La Cafet' en Kit, une association étudiante responsable de la cafétéria de Sciences Po Grenoble, avait annoncé que l'ensemble des produits qu'elle allait désormais proposer seraient « 100 % halal », à la suite d'un changement de fournisseur. L'UNI s'était aussitôt mobilisée pour dénoncer « une soumission de la France à l'idéologie *woke* ».

Alexis embraye sur Barbezieux, la commune de Charente où il vit. Il s'emporte contre l'ouverture d'un centre commercial Leclerc qui a détruit les commerces de proximité de son village. Je comprends ce ressentiment. À Albi, la préfecture de mon département, le centre-ville se meurt depuis qu'un énorme Leclerc s'est construit à l'entrée de la ville. Alexis en fait d'ailleurs l'un de ses combats : « Là, je suis en train de me dire qu'il faut que je sauve ma ville. Après, je suis parti avec un gros défaut en plus, c'est que mes parents sont gauchistes. Mais ils connaissent mon engagement. »

Alexis poursuit son récit : son père vote Macron à la dernière présidentielle, Macron facilite les licenciements, et son père, en mauvaise santé à cause d'une maladie génétique, perd son travail dans le cadre d'un plan de licenciement. « Je pense qu'il va voter Zemmour à la prochaine élection », conclut Alexis. Sur ses perspectives professionnelles, Alexis ne se fait plus d'illusions :

il est inscrit dans différentes agences d'intérim depuis cinq ans et n'a jamais été contacté.

L'arrivée de Charles interrompt notre discussion. Il vient me chercher pour que nous rentrions chez lui, à une vingtaine de minutes en voiture. J'appelle Mathieu pour le prévenir, il m'informe qu'il va rester encore un peu et qu'il nous rejoindra chez Charles.

Durant le trajet, Charles m'explique à quel point Bordeaux s'est, selon lui, gauchisée. Il me raconte que, depuis une agression lors d'un collage, l'équipe GenZ Bordeaux est désormais toujours accompagnée d'une équipe chargée de la sécurité des colleurs. Une main sur le volant, Charles me montre sa bombe lacrymo spécial antifas et sa lampe torche militaire aveuglante.

Nous nous garons devant le portail de la résidence où il habite. Son appartement me rappelle mes premières années estudiantines : l'endroit sent le renfermé. Seul élément de décoration, une bouteille de Jack Daniel's à la pomme entourée de bières vides, le tout aligné sur une étagère murale.

Je propose une partie de Mario Kart en attendant que Mathieu nous rejoigne. Grimbergen rouge en main, nous enchaînons trois Grands

Prix. Vers 1 h 30, j'écris à Mathieu : « T'en es où ? » Il me répond : « On vient de partir. Mais c'est le même prix l'hôtel et le Uber. Je vais dormir à l'Ibis, je pense. » Pendant ce temps, Charles déplie le canapé-lit. Avant de me coucher, je reçois un message de détresse de Mathieu : « L'enfer, ils sont complets. » Mathieu se résout à prendre un Uber. Il arrive à 2 h 45.

Avant de m'endormir, je cherche des informations sur l'agression de militants GenZ bordelais dont Charles m'a parlé un peu plus tôt. Je ne trouve rien. En revanche, je découvre que des militants GenZ ont été agressés à Toulouse, fin octobre, alors qu'ils collaient des affiches dans le quartier du Mirail[24]. Sur une vidéo tournée par l'un des militants GenZ présents, on aperçoit un couteau dans la main d'un des agresseurs.

---

24. « Des militants de Génération Zemmour agressés dans le quartier du Mirail à Toulouse », Alia Doukali, France Bleu Occitanie, 25 octobre 2021.

CHAPITRE 15

« ELLE EST BELLE, LA JEUNESSE DE DROITE ! »

Deux jours après le meeting de Bordeaux, je me lance dans ma première permanence en journée au local. Ma présence dépanne Dimitri, le responsable accueil, qui peinait à trouver quelqu'un pour remplir ce créneau 9 heures-20 heures. Logique. Passer son dimanche enfermé dans un hall d'entrée mal chauffé, il faut le vouloir.

Dans le calme du QG de campagne vide, j'essaie de suivre à distance la venue d'Éric Zemmour au salon du Made in France, via BFM TV et Twitter. Le polémiste enfile une marinière bleu-blanc-rouge, déguste un cornichon « super bon », un saucisson épicé qui lui rappelle « les plats pieds-noirs », et monte sur un scooter qu'il trouve « magnifique ». J'ai le maigre espoir que, après le salon du Made in France, Éric Zemmour vienne au QG me tirer de mon ennui. L'inconvénient, avec les permanences de jour, c'est qu'il faut rester posté à l'accueil pour ouvrir la porte si quelqu'un arrive. Je regrette la liberté que m'offraient mes perm' de nuit. Elles ont le mérite de passer plus vite, en dormant.

Gilbert Payet arrive peu après 14 h 30. Une heure plus tard, Hilaire Bouyé, le numéro deux de GenZ, m'envoie un message sur Telegram. « Salut vieux ! m'écrit celui qui était chargé de gérer les militants à Bordeaux. Dispo mardi matin pour un tractage à l'assemblée des maires de France ? Opération très stratégique, car pour récupérer des parrainages. » Le ton me surprend un peu : Hilaire et moi, nous ne nous sommes jamais parlé. Mais je comprends mieux pourquoi plusieurs militants m'ont dit le préférer à Stanislas Rigault. D'ailleurs, dans sa bio Twitter, là où d'autres arborent leurs fonctions au sein de GenZ, Hilaire indique simplement « Sociable ». Je lui réponds que je suis partant pour le tractage.

Après Gilbert Payet, d'autres têtes d'affiche viennent sonner à la porte, dont Samuel Lafont, responsable des réseaux sociaux, et Sarah Knafo. Au total, dix-huit personnes défileront – seize hommes et deux femmes. À 19 heures, Dimitri fait une apparition. Il passe récupérer des affaires qu'il a laissées au QG. Il me salue en fermant la porte derrière lui : « Ça va, mon biquet ? » Dimitri jette un œil au registre et file prendre un coca dans la cuisine. À son retour, il lâche un rot et me raconte sa soirée à Bordeaux. Comme il est l'un des rares salariés de la campagne, une chambre d'hôtel lui avait été réservée. Si j'en crois les cernes sous ses yeux, il en a profité pour s'amuser un peu. « On a fini à 4 heures du matin, on a fait un peu la bringue, confirme Dimitri comme s'il lisait dans mes pensées – du moins en partie. J'ai appelé Allô Apéro Bordeaux pour me faire livrer une bouteille de sky à trois heures du matin. Comme tout ferme à deux heures, à Bordeaux, on est allés se finir à l'hôtel, à boire du whisky, à fumer des gros ter'. Ah, elle est belle, la jeunesse de droite ! »

Je réalise que je peine pour l'instant à distinguer une unité chez les jeunes membres de Génération Z que je côtoie. Mais une chose est sûre : ils ont majoritairement la conviction d'appartenir à la droite de l'échiquier politique, rarement à l'extrême droite. Cette « vraie » droite, celle qu'ils défendent, se tient à distance de toute collaboration avec Emmanuel Macron, assume son conservatisme et fait passer la France avant le reste. Et quand le Z réhabilite le maréchal Pétain, magnifie le général Bugeaud (qui a massacré des musulmans et des juifs en Algérie) ou critique le choix de certaines victimes de Mohammed Merah de se faire enterrer en Israël, certains apprécient que leur leader ne tombe pas dans « la repentance » historique. D'autres pensent que c'est « seulement » son goût prononcé de la provocation de l'adversaire qui s'exprime. En tout cas, personne ne s'en offusque.

Si on tente d'appliquer à cette « jeunesse de droite » l'ancienne grille de lecture de René Rémond, ponte de la science politique française qui a écrit l'ouvrage de référence *Les Droites en France*, il faut vite dépoussiérer le logiciel. En effet, en 1954, l'historien distinguait trois droites : la droite « légitimiste » (ultraroyaliste et contre-révolutionnaire), la droite « orléaniste » (royaliste aussi, mais en faveur du parlementarisme, voire du libéralisme) et la droite « bonapartiste » (caractérisée par le culte de l'homme providentiel, dans lequel s'inscrit le gaullisme, et la culture du plébiscite). Dans un ouvrage rétrospectif de son œuvre, publié en 2005, René Rémond semblait accepter la critique faisant état d'une quatrième droite, « extrême » (nationaliste, antisémite et xénophobe), incarnée par le Front national.

Chez les zemmouriens, on trouve un peu de chacune de ces droites. C'est peut-être ça, la particularité de cette jeunesse : accepter, au nom de la défense de la France, de faire partie d'un mouvement « transdroites » qui va de l'extrême droite antisémite et raciste à la droite conservatrice et gaulliste. Seule la droite libérale (au sens des valeurs) est rejetée.

CHAPITRE 16

« ON N'A PAS À COMMUNIQUER LÀ-DESSUS »

Je me prépare à enfiler un nouveau costume de militant. Aujourd'hui, je dois officiellement convaincre des élus français d'apporter leur signature à Éric Zemmour. Je dis « officiellement », car je me suis fixé une ligne rouge dans mon rôle d'infiltré : rester avant tout un observateur, ne pas favoriser la candidature du Z. Par exemple, ne pas lui apporter une seule des 500 précieuses signatures nécessaires à la validation de cette candidature. Cependant, je ne suis pas là non plus pour saboter sa campagne. Donc, si jamais quelqu'un se montre intéressé, j'inventerai une envie pressante d'aller aux toilettes et je passerai la main à un de mes camarades présents.

J'ai bien conscience que ma position peut sembler paradoxale. En effet, quand je participe à des collages, à de la veille Twitter ou à des gardes de QG, n'est-ce pas une autre manière de « favoriser » la campagne du Z ? Toutes ces tâches seraient de toute façon effectuées par d'autres militants. Mais je suis obligé de fixer des limites à mon infiltration. Et l'une d'elles pourrait se résumer ainsi : je fais le nécessaire pour récolter ce que j'estime être des informations d'intérêt public, tout en étant le moins interventionniste possible. C'est comme marcher sur une ligne de crête.

Ce mardi 16 novembre, le rendez-vous est fixé à 9 heures à la brasserie Dupont, devant l'immense Paris Expo, porte de Versailles, où se tient l'assemblée des maires de France. En terrasse, Noé, Baptiste et Paul, trois militants que je n'ai jamais rencontrés, discutent autour d'un café. À mon arrivée, nous basculons à l'intérieur sur une table plus grande.

D'autres militants arrivent, des étudiants pour la plupart. Stéphane est l'une des rares exceptions : « Moi, je bosse chez un brasseur de bière. » Un type rasé de près, avec une petite houppette de cheveux relevés sur le devant du crâne, entre dans le bar muni d'une caméra. Il se dirige vers nous et se présente : il s'appelle Louis et compte tourner un documentaire sur la campagne.

Les conversations reprennent, et je demande à Louis de ne pas me filmer. Motif invoqué : mes chefs me croient en télétravail. J'engage la conversation, il m'explique qu'il est journaliste indépendant et qu'il n'a pas encore d'accord de vente sur ce projet. « Ça pourrait ne pas fonctionner, mais il y a très peu de chances que des rédactions ne s'y intéressent pas », croit Louis, qui s'avère ne pas être un simple cameraman amateur. Il me dit avoir été animateur à Sud Radio ainsi que chroniqueur dans *Touche pas à mon poste !* et *Le Petit Journal*, époque Cyrille Eldin. Mais Louis, Morin de son nom de famille, ne me raconte pas tout. Le militantisme, il n'a pas fait que le filmer. Avant de se lancer dans le journalisme, il a également tenté une incursion dans le milieu politique en briguant, en 2010, la présidence des Jeunes populaires (UMP)[25]. Sans succès.

Hilaire Bouyé et Dénis Cieslik, le responsable parrainages de la campagne, finissent par arriver. Dénis nous explique immédiatement la marche à suivre et nous donne quelques arguments pour convaincre les élus, en insistant sur

25. « Foire d'empoigne chez les jeunes UMP », *Le Parisien*, 22 juillet 2010.

la disparition des communautés de communes, prônée par Zemmour, qui donnerait plus de pouvoir aux maires. Une fois le speech terminé, j'échange avec Florian, l'un des rares membres de GenZ métis que j'ai eu l'occasion de croiser. Il est chargé de contacter les nouveaux membres avant de les intégrer à Génération Z. Cette étape est normalement obligatoire pour intégrer les cercles GenZ, une façon de s'assurer qu'il ne s'agit pas de trolls, d'opposants ou – pire! – de journalistes. Il me coupe quand je lui confie être déçu du manque de réaction du Z après les révélations de *StreetPress* sur La Famille gallicane, ce groupuscule dont certains membres se revendiquent de GenZ et qui s'est filmé en train de tirer sur des caricatures d'hommes juifs, noirs et musulmans:

— La Famille gallicane, on n'a pas à communiquer là-dessus. Pour moi, tu vires les mecs, et c'est tout.

Je lui apprends que, depuis, il y a eu d'autres révélations faites, toujours par *StreetPress*[26], sur un groupe Telegram qui appelle au meurtre du reporter Taha Bouhafs, de Jean-Luc Mélenchon et d'un journaliste de *StreetPress*.

---

26. « Des néonazis appellent au meurtre de Mélenchon, Obono, Bouhafs et un journaliste de StreetPress », Pierre Plottu et Maxime Macé, *StreetPress*, 15 novembre 2021.

Les auteurs de ces menaces disent soutenir GenZ. Leur message était conclu par un « Et rappelez-vous de soutenir le Z ». Florian fronce les sourcils :

— Je pars du principe que, s'ils sont pas à GZ… on n'est pas responsables. Les musulmans ne sont pas responsables des extrémistes.

Noé nous explique que le groupe auteur de ces menaces s'appelle « Les Vilains Fachos ».

Il est 10 heures passées, et nous attendons encore la livraison de nos tracts. Nous sortons du bar pour attendre le colis de brochures. Un militant se désole : « Au niveau des députés, y a que Joachim Son-Forget qui va nous apporter son parrainage. » Connu pour ses dérapages sur les réseaux sociaux, le député des Français de Suisse et du Liechtenstein se met, de plus en plus, à soutenir le futur candidat. Dans un article[27] paru dans le quotidien suisse *Le Temps*, Joachim Son-Forget confiait : « Je donne carte blanche à Éric Zemmour, il y a autour de lui l'énergie d'une jeunesse de droite, la volonté de préserver la grandeur d'un pays. » Mardi 19 octobre, l'ancien

27. « Joachim Son-Forget, de "champion" macroniste à fervent soutien d'Éric Zemmour », Florian Delafoi, *Le Temps*, 12 novembre 2021.

membre de LREM assistait même à une conférence d'Éric Zemmour organisée par Éveilleurs d'espérance à Versailles. Lancée en 2015, cette association, proche de La Manif pour tous, réunit tout le gratin de la droite conservatrice.

Une camionnette s'arrête devant le bar. « S'il savait ce qu'il transporte », rigole Noé en voyant le livreur, noir, qui nous remet les tracts. Que veut-il dire exactement ? Qu'à ses yeux, le programme zemmourien va s'attaquer aux personnes non blanches ? Si, publiquement, le Z rejette constamment le terme *raciste* (cette question lui est souvent posée, « Êtes-vous raciste ? »), j'observe que nombre de ses soutiens jugent clairement une partie de la population en fonction de sa couleur de peau.

Sur le tract en question, trois maires encouragent les autres élus à apporter leur signature à Éric Zemmour. En bas du formulaire, les maires intéressés peuvent inscrire leurs coordonnées.

Le tractage peut commencer. Nous embarquons les tracts et entrons dans le parc des expositions. Je me joins à Noé, l'habitué des gardes au QG, et à Stéphane, celui qui travaille chez un brasseur et rédige des articles pour le site de Génération Z.

Durant l'heure qui suit, j'enchaîne les « Bonjour, je m'occupe des parrainages d'Éric Zemmour. Vous avez deux minutes à m'accorder ? » et récolte les « Pas vraiment », « Je ne vais pas avoir ce temps-là » et autres « Je ne parrainerai pas Éric Zemmour » de mes interlocuteurs. Malgré son sourire commercial, Stéphane essuie autant de refus que moi.

Le directeur technique du lieu vient nous dire que nous n'avons pas le droit d'alpaguer les élus comme nous le faisons. Nous rejoignons alors nos camarades restés tracter à l'extérieur, quand nous entendons hurler derrière nous : « Je te casse la gueule, connard ! Pose tes tracts, sinon je te casse la gueule, avec ta petite gueule de con. Cassez-vous, les fachos. Dégagez ! Tu t'es vu, avec ta gueule de nazi, toi ? » Noé fait face à un type très remonté. D'un geste brusque, l'homme envoie valser tous les tracts que mon camarade tient. Il répète : « Je vais pas me calmer, allez, cassez-vous ! » Louis, le cameraman, s'empresse de filmer la scène. Les militants GZ, eux, gardent leur calme. Des flics viennent temporiser. L'homme finit par passer les portiques du parc.

CHAPITRE 17

« IL PRÔNE PAS LA HAINE »

4 h 30, jeudi 18 novembre. J'ouvre à peine un œil et je vois que Nathan a déjà écrit dans la conversation « Collage Tolbiac ». Il sera sur place dès 5 h 15. En chemin, sur mon vélo, je meurs de froid. Devant l'université de Tolbiac, Léo, un jeune militant LR que j'avais croisé au collage de l'Assemblée nationale, colle des stickers avec Tulio, un étudiant de Tolbiac.

Nathan fait du repérage, pour voir où poser les affiches. Je me joins à lui au pied des murs de la faculté du 13e arrondissement parisien. Il me confie que, durant sa licence d'histoire à la Sorbonne, il était étudiant ici même, « dans ce temple du gauchisme et de l'anarchisme ». À l'époque, il militait pour l'UNI. Alors que nous discutons, j'entends des bruits de pas derrière nous, puis une voix :

— Bonjour, contrôle de police.

Mon estomac se rétracte. Si je finis au poste, mon infiltration est terminée. Face aux policiers, il me faudra à coup sûr décliner ma véritable identité…

Je me retourne et j'aperçois Jean-Lucio, hilare et satisfait de sa blague. Il nous présente Simon, qui vient coller avec nous. Quand je me plains de la dureté du réveil de ce matin, Jean-Lucio me remonte le moral : « Y en a qui préconisent cinq fruits et légumes par jour. Moi je propose cinq collages, je peux te dire qu'après ça t'es réveillé ! » Grâce au renfort des derniers venus, nous avançons vite. Le seau de colle se vide rapidement, nous devons en refaire.

Pendant la préparation de la mélasse, Simon confie qu'il a des attaches familiales dans le Vaucluse, dont Jean-Lucio et Nathan sont aussi originaires. Vient mon tour, je détaille mon origine toulousaine quand une dernière personne s'invite à la fête : une militante prénommée Clémence. Cette métisse aux cheveux bouclés se joint immédiatement à la discussion, racontant que sa famille est originaire du Pays basque et que sa grand-mère vient de Pologne. Simon charrie : « Elle a fait le STO ? » Clémence ne répond pas, trop occupée à prendre en photo l'une des façades de la faculté, côté rue de Tolbiac.

En une demi-heure, le visage d'Éric Zemmour recouvre une façade du bâtiment. Nous embarquons nos affaires côté rue Baudricourt, avec l'idée de recouvrir une deuxième façade. Durant le trajet, Simon raconte qu'il existe un pôle chargé de traduire les discours de Zemmour en kazakh, en chinois ou encore en allemand, pour les diffuser sur les réseaux sociaux. Lui traduit en russe. Clémence l'interrompt pour expliquer qu'elle aussi a étudié un peu le russe à Tolbiac, une fac qui ne lui a pas laissé un bon souvenir : « Tous les jours, c'était la traque à je-ne-sais-pas-qui parce qu'il a dit je-ne-sais-pas-quoi. » Clémence parle avec un ton désabusé, comme si elle était blasée par toutes ses observations.

La discussion est interrompue par un « *Nardinamouk* ! » (littéralement « Maudite soit la religion de ta mère ! ») hurlé par un conducteur. Tout le monde y va de son commentaire. Simon se contente d'un simple « merci, merci ». Léo, très en retrait jusque-là, lance : « T'inquiète, il l'aura, son billet ! » Clémence surenchérit : « En première classe. » La bande passe rapidement à autre chose. Leur nouvelle occupation : dessiner un « Z » en alignant des stickers sur un mur avant de reprendre l'affichage.

Bientôt 6 h 30, la fin du collage approche. Alors que nous nous promenons, Simon, étudiant en histoire, me raconte qu'il prépare un mémoire sur la campagne des rois de France en Flandre de 1185 à 1482. Je lui dis que Jacques Bainville parle beaucoup des Flandres dans son *Histoire de France*. « Je suis en train de le lire aussi, c'est bien fait, hein ? s'interpose Jean-Lucio. Ce que j'aime bien, c'est qu'il philosophe sur certains points et traite vraiment des faits historiques. D'ailleurs, Zemmour le cite souvent. » Quand je lui raconte que j'ai commencé à lire du Maurras, il m'explique que lui-même jongle entre des écrits de Bainville et de Maurras, tout en se défendant d'être maurrassien. « L'horreur, quasiment le nazisme », se marre Nathan, citant les propos d'Éric Zemmour face à Jacques Attali.

Clémence sort un sticker Génération identitaire, mouvement d'extrême droite dissous en mars 2021. Nathan lui demande si elle est proche de « GI ». « Je n'en dirai pas plus. Ils ont des bonnes idées, mais euh… » Clémence peine à trouver ses mots, comme si elle craignait qu'on ne la comprenne pas. « Ils sont partis en couille ? » complète Jean-Lucio. « Carrément, ouais », lâche Clémence. Jean-Lucio explique qu'une partie du groupuscule est aujourd'hui dans nos rangs, même s'il n'a pour l'instant rencontré qu'un seul ancien de Génération identitaire. Nathan confie avoir rencontré un membre de La Famille gallicane lors de la conférence de Zemmour à Nantes, quelques jours avant les révélations de *StreetPress* sur le groupuscule d'extrême droite. Jean-Lucio me demande une cigarette, l'allume puis s'indigne :

— C'est ridicule, enfin, c'est même pas le fond idéologique de Zemmour ! Il prône pas la haine entre les cultures ou les ethnies.

— C'est surtout que l'assimilation est le contraire du racisme, c'est permettre aux autres de s'assimiler, détaille Nathan.

— C'est éviter la guerre civile et les inclure dans notre culture, surenchérit Jean-Lucio.

— C'est ça, acquiesce Nathan. Et les mecs de La Famille gallicane, ils font ça… J'ai envie de leur dire : « Mais vous nous baisez le travail ! »

Jean-Lucio est, pour la première fois depuis que je l'ai rencontré, très remonté :

— Qu'ils aient été bannis, c'est la moindre des choses ! Nous, ça nous défonce, ça discrédite complètement GZ, ça discrédite les militants, parce que nous, on se casse le cul à partager nos idées et nos valeurs. C'est seulement de manière pacifique qu'on y arrivera.

Sur ce, nous nous séparons. Léo, Simon et Tulio d'un côté. Jean-Lucio, Nathan, Clémence et moi-même d'un autre, direction Place-d'Italie. En chemin, Nathan me fait part de son intérêt pour intégrer l'équipe de permanence du local. Je lui promets d'en parler à Dimitri, le responsable, qui cherche toujours de nouvelles personnes pour compléter le roulement.

Le soir même, je relaie justement Dimitri pour garder le QG. Il assure une grande partie des permanences. Et, contrairement à moi, il est payé pour ça. Le responsable accueil me fait part de son intérêt pour le profil de Nathan avant de me mettre à jour : dorénavant nous avons un ordinateur, sur lequel je peux voir toutes les réservations des salles de réunion et consulter la boîte mail de l'accueil. Il me confie également le téléphone portable de l'accueil, qui doit rester allumé même de nuit. Dimitri me prévient : « On a eu des trucs un peu chelous ces derniers jours. » Il pointe du doigt le registre dans lequel nous devons noter les événements suspects et reprend : « Ce jour-là, deux mecs se sont garés devant. Ils sont rentrés, ont fait le tour de la cour et sont repartis sans rien dire. Et hier, alors que je fumais une clope, un drone s'est écrasé à mes pieds. Apparemment, il appartenait à un client de l'hôtel à côté. » Dimitri attend Johanna, la responsable matériel, pour partir. Ce soir encore, le dernier à quitter le QG sera Gilbert Payet. Quand je le croise, il me paraît de bonne humeur et m'indique qu'il reste quelques sucreries dans la cuisine. Je ne me fais pas prier et m'y précipite après m'être enfermé à double tour dans le QG.

CHAPITRE 18

« QUI DIT QUE JE NE SUIS PAS UN INFILTRÉ ? »

Depuis trois semaines, Dimitri m'inscrit automatiquement pour la garde du jeudi soir. Mais ce jeudi 25 novembre, je dois décliner. Ce jour-là, à partir de 20 h 45, tous les militants GZ sont conviés à une soirée dans un lieu tout d'abord tenu secret. Quelqu'un d'autre devra prendre ma permanence, hors de question de garder le QG pendant que tout le monde fera la fête, à quelques jours du grand rassemblement prévu au Zénith de Paris le 5 décembre.

Le matin de la soirée GZ, Juliette, qui n'avait pas pu se joindre à nous à Tolbiac, lance dans la conversation dédiée au collage : « Hello ! Vous voulez y aller ensemble, ce soir ? » Nous convenons de nous retrouver d'abord dans un bar, Nathan, Clémence, Jean-Lucio, Juliette et moi.

L'événement, annoncé depuis des semaines, réunira 700 militants au Brasil Tropical, le plus grand cabaret brésilien de Paris, dixit Hilaire Bouyé.

Je suis le deuxième à arriver au bar, après Nathan. L'étudiant de 22 ans s'est apprêté : il est passé chez le coiffeur et porte une chemise sous son caban bleu marine. Nathan sort d'une permanence record au QG, un 12 heures-9 heures, soit vingt et une heures de surveillance. L'étudiant de la Sorbonne pointe le manque de sécurité autour de ces permanences. « Quand j'ai fait ma ronde avant de me coucher, explique-t-il, le bureau de Zemmour était ouvert, depuis la porte de derrière, celle de la salle de conférences. Je suis rentré dans le bureau et… c'est pas que je lui veux du mal, mais, quand j'ai vu les tiroirs, j'ai eu envie de les ouvrir. Tu sais que Dimitri ne me connaît pas ? Qui dit que je suis pas un infiltré ? » Nathan estime qu'il faudrait, au minimum, installer une caméra de sécurité devant le QG. Nos conditions de travail le choquent aussi : « Une personne de l'équipe de campagne m'a dit que c'est à la limite de la légalité. On n'est pas rémunérés, c'est une chose, mais on n'a même pas d'attestation, donc on n'est pas couverts. Puis, on n'est pas formés ! » Ce qu'il dit est juste, mais d'un autre côté, force est de constater que le militantisme a toujours fonctionné comme ça.

Derrière Nathan surgit Jean-Lucio. Il nous salue et prévient qu'il ne sera pas des nôtres le 5 décembre pour le grand meeting parisien du Z. Il doit s'occuper d'une animation pour un salon à Vincennes, dans le cadre de son contrat d'alternance.

Je jette machinalement un œil à mon téléphone et vois une rumeur se propager sur une des conversations GZ : Sarah Knafo serait enceinte d'Éric Zemmour. Je montre l'écran de mon téléphone à mes deux acolytes. Ils écarquillent les yeux. Jean-Lucio beugle de façon peu délicate contre la femme de Z. Puis l'idée que Sarah Knafo ne donne pas un nom loi 1803 à son enfant fait hurler de rire Nathan. « Kevin ! » hurle Nathan. « Mahmoud Knafo ! » crie Jean-Lucio, qui fait tomber son verre en riant.

Juliette arrive. C'est une jeune fille brune à l'air sage. Elle étudie la philosophie à Tolbiac et suit en plus un cursus de droit. Elle s'assied en face de Jean-Lucio et s'excuse pour son retard : son baby-sitting s'est prolongé d'une demi-heure. Nathan se tourne vers moi et me parle de son père, qui vient d'attraper le Covid. C'est un musicien réputé, également professeur de piano et de solfège. Nathan me fait comprendre que son père ne roule pas sur l'or, tout comme sa mère, assistante de vie scolaire. Et, comme les miens, ses parents sont divorcés. « Mon père est plutôt de droite et il aime beaucoup Zemmour, c'est le seul musicien de France comme ça, s'amuse Nathan. D'ailleurs, Zemmour est notre sujet de conversation principal. Pour ma mère, soutenir Zemmour, c'est une maladie, elle est plus Mélenchon. » Le jeune homme aux sourcils touffus est interrompu par l'arrivée de Clémence, puis d'une personne venue faire la manche. L'homme, barbu et édenté, tente d'amorcer la discussion avec le groupe. Il demande à Clémence, métisse, si elle est marocaine. « On est tous français, ici ! » répond avec fierté Jean-Lucio.

Une fois cet homme parti, les discussions reprennent. Jean-Lucio blague en me prenant à partie dans une conversation que je n'ai pas suivie :

— Nous, les hommes blancs occidentaux, on opprime les femmes, hein Vincent ?

Je hoche la tête, sans comprendre de quoi il s'agit.

— Non mais, hors blague, ça vous fait pas de la peine, tout ce que vous prenez dans la gueule ? questionne Clémence.

Comme souvent, Jean-Lucio prend un air éloquent pour appuyer sa réponse :
— Si, mais ce qu'on fait pour combattre ça, c'est militer et revendiquer nos valeurs. Et mettre nos actions en adéquation avec nos valeurs. Et puis, certains ne sont pas capables d'entendre quelque chose qui est différent de leurs idées.

Je me décide à retourner le stigmate.
— À l'inverse, j'imagine que ça doit être plus dur d'être une femme et de soutenir Zemmour. Pour être franc, je suis pas vraiment d'accord avec ses propos du *Premier Sexe*.
— La plupart des meufs ont peur de le soutenir, c'est trop dangereux, réagit Clémence. Quand tu sais que tu peux te faire casser la gueule par des opposants à Zemmour, t'es tout de suite moins chaude. Ses discours sur les femmes me gênent un peu, mais je comprends qu'on puisse en arriver à ce stade de misogynie. J'ai été éduquée par ma mère, qui a des valeurs très très radicales… et qui s'étendent en France !

Je lui demande ses origines, elle me répond en avoir trop. Sa grand-mère paternelle est juive polonaise, son grand-père paternel, landais arménien, et sa mère vient du Cameroun. Clémence a un avis très tranché sur ses origines maternelles : « La femme africaine, c'est le paroxysme du “je fais rien”, et l’homme doit tout apporter, payer le mariage, apporter la dot. Il faut acheter du Chanel… Et si t’es blanc, la dot coûte plus cher, vu qu’ils pensent que t’as de l’argent ! » Jean-Lucio charrie : « En fait, c’est nous qui sommes opprimés par les femmes ! » Clémence raconte avoir été convaincue par Zemmour en regardant *Face à l’info*. « J’ai toujours cherché à m’élever de mon milieu familial, à regarder dehors, et j’ai vite compris qu’il y avait quelque chose qui n’allait pas. » Quand je demande à Nathan quel chemin l’a mené, lui, vers Zemmour, il répond : « Ça fait des années que je suis de droite, depuis que j’ai un cerveau. J’ai lu Zemmour et je me suis intéressé à l’histoire. Puis, j’ai été un peu à l’UNI. »

Nous rejoignons la longue file d’attente qui s’étire devant le Brasil Tropical. « Je vais changer mon prénom, je déteste “Lucio”, confesse Jean-Lucio tandis que nous faisons la queue. Je veux changer pour “Paul”, mais garder “Jean”, reprend l’étudiant en commerce. Tout le monde pense que je suis d’origine italienne, alors qu’absolument pas ! Ma mère est née à Colmar, d’origine basque, et mon père est breton. »

Jean-Lucio poursuit : « J’en ai loupé, des messes, à cause des collages le samedi soir !

Après, je suis cassé pour le lendemain. » Il tente de convaincre Nathan de l'accompagner avec lui à un office, mais celui-ci refuse l'invitation, arguant qu'il n'est pas baptisé. Jean-Lucio fait valoir qu'il ne l'est pas non plus, car ses parents, pourtant baptisés, sont des « déconstructeurs ». Je lui glisse que je suis partant pour l'accompagner à l'église. C'est entendu, nous nous rendrons ensemble au lieu de culte où il a ses habitudes.

D'humeur bavarde, le jeune homme aux cheveux mi-longs m'explique son programme de l'année prochaine : partir dans un pays du Moyen-Orient en volontariat entre sa troisième année de licence et son master, qu'il aimerait faire à Sciences Po Aix. « J'estime que l'immigration est dangereuse pour nous, mais aussi pour eux. Je suis peiné de voir des migrants mourir dans la Manche, je trouve ça honteux. Ces gens-là n'attendent qu'une seule chose : pouvoir rester chez eux tranquillement. »

Une demi-heure plus tard, nous arrivons enfin devant les vigiles du Brasil Tropical. La carte d'identité est obligatoire. J'explique que je me suis fait « carotter » mon portefeuille la semaine dernière. L'expression fait sourire le cerbère chargé de faire le tri à l'entrée, mais il ne s'assouplit pas pour autant. « Sans papiers d'identité, je ne peux pas vous laisser entrer. Mettez-vous sur le côté, s'il vous plaît. » Bon. Clémence, Juliette, Nathan et Jean-Lucio franchissent les barrières. Jean-Lucio insiste pour que je tente une deuxième fois de passer. Je lui dis de ne pas s'inquiéter et de descendre dans la boîte de nuit.

Un membre du service d'ordre de Génération Z me demande ce que je fais derrière la barrière. Je lui explique la situation. Il me propose de sauter discrètement par-dessus la barrière. Je regarde autour de moi, puis tente de passer une jambe de l'autre côté. « Fais gaffe, y a le mec de la sécurité qui arrive », me prévient le militant GZ. Le regard du colosse ne laisse aucun doute. Il vient vers moi, j'abandonne la partie. Me trémousser avec les militants GZ, ça sera pour une prochaine fois. De toute façon, je ne sais pas danser.

CHAPITRE 19

« FASCISTES HORS DE NOS FACS ! »

Avant de me coucher, je fais quelques recherches sur Twitter. Clémence m'a raconté dans la soirée que nos collages ont suscité des réactions sur les réseaux sociaux. La première est assez attendue. L'UNEF Paris-I Panthéon-Sorbonne, le syndicat étudiant de gauche, s'est fendu d'un tweet : « Hier soir, l'extrême droite collait sur Tolbiac, eh bien ça n'a pas tenu très longtemps, notre lutte contre l'extrême droite ne s'arrête jamais ! Les idées réactionnaires et fascisantes de Zemmour n'ont pas leur place dans nos facs et dans la société. »

SOS Racisme a également fait part de son opposition sur le réseau social : « Face à l'extrême droite dans nos universités, étudiants et militants de SOS Racisme nous étions présents à Tolbiac après le passage de #GenerationZ.

Éric Zemmour et ses soutiens : vous n'êtes chez vous nulle part. La jeunesse est antiraciste, fascistes hors de nos facs ! »

Entre ces réactions se glisse un tweet plus surprenant. Une de mes consœurs, journaliste pigiste, a posté une photo d'un des murs de la faculté, orné d'une inscription : « Liberté, Égalité, Fascisme ». Dans son message, elle accuse Génération Z d'avoir laissé cette inscription lors du collage. En réalité, celle-ci était déjà là avant notre arrivée.

CHAPITRE 20

LA CROISADE DE BOLLORÉ

« Zemmour est une entreprise, avec des résultats financiers, soutenue par un groupe de médias. » Cette analyse émane de l'ancien président de la République François Hollande, dans un entretien au quotidien italien *Corriere della Sera*. Je la découvre en lisant l'enquête[28] que *M le magazine du Monde* consacre au milliardaire breton Vincent Bolloré.

Le travail fouillé des journalistes Raphaëlle Bacqué et Ariane Chemin explore un sujet dont je n'entends jamais parler au sein des GenZ. Il s'agit de l'implication de Vincent Bolloré dans la campagne présidentielle, par le biais du

---

28. « Comment Vincent Bolloré mobilise son empire médiatique pour peser sur la présidentielle », Raphaëlle Bacqué et Ariane Chemin, *M le magazine du Monde*, 16 novembre 2021.

soutien médiatique massif qu'il apporterait à Éric Zemmour à travers son groupe de médias Vivendi.

D'après l'enquête du *Monde*, Vincent Bolloré, 14e fortune française[29], a développé ces dernières années une nouvelle obsession : « l'identité de la France, qu'il juge menacée ». « Le capitaine d'industrie mobilise dans sa croisade un véritable empire médiatique constitué en un temps record, poursuit l'article. Avec un fer de lance : le polémiste vedette Éric Zemmour, qu'il a lui-même fait revenir sur CNews et dont les idées ultra-réactionnaires et anti-islam colonisent le débat public. »

C'est en effet Vincent Bolloré qui, en 2019, a proposé à Éric Zemmour d'intervenir quotidiennement sur CNews, triplant ainsi les audiences de la chaîne. Dans un entretien[30] accordé à *Valeurs actuelles* en août 2020, Éric Zemmour raconte comment le milliardaire l'a convaincu d'accepter sa proposition : « [Vincent Bolloré] me propose de venir tous les soirs à l'antenne. Je crains l'usure. Il insiste. Je découvre que nous

29. D'après le classement *Forbes* 2021.
30. *Valeurs actuelles* n° 4367, août 2020.

avons beaucoup de points de convergence intellectuelle. Bolloré est convaincu et convaincant. J'accepte. »

Pour décrire l'émission *Face à l'info* dans laquelle intervient chaque jour Éric Zemmour, de 19 heures à 20 heures, le média *Les Jours* écrit[31] : « On n'est plus dans le schéma "un journaliste de droite contre un journaliste de gauche", c'est Zemmour en majesté [...] sans contradicteurs, avec la bénédiction de la présentatrice Christine Kelly, ex du CSA. » Éric Zemmour, toujours dans *Valeurs actuelles*, présente les choses autrement : « J'oppose au politiquement correct macronien de BFM un discours conservateur et patriotique, bref ce que le système médiatique appelle "populiste". Je fais ce que je sais faire. Je n'ai jamais été un journaliste d'information. »

Désormais, Bolloré et Zemmour déjeunent ensemble près d'une fois par mois et se téléphonent tous les jours, précise l'enquête du *Monde*. « C'est comme si CNews s'était mise à la disposition du presque candidat », concluent les deux journalistes. François Hollande ajoute dans

31. « Zemmour, le candidat du système Bolloré », Raphaël Garrigos et Isabelle Roberts, *Les Jours*, 30 novembre 2021.

le *Corriere della Sera* : « Trump est passé de la téléréalité à la Maison-Blanche, mais il était le candidat du Parti républicain, tandis que Zemmour est le candidat d'un groupe audiovisuel. »

Le mercredi 19 janvier 2022, Vincent Bolloré a répondu à des questions posées par les sénateurs. Le milliardaire s'est alors défendu d'avoir aidé Éric Zemmour d'une quelconque façon. Le premier actionnaire de Canal +, de deux grands groupes d'édition (Editis et Hachette), de CNews, de nombreux journaux ou encore d'Europe 1 a dit n'avoir « déjeuné qu'une seule fois » avec le Z. Il a aussi précisé : « [Éric Zemmour] publiait des livres à des centaines de milliers d'exemplaires bien avant qu'il revienne sur CNews. Il est sur *Le Figaro*, il est sur la 6, et comme par hasard, c'est quand il est sur CNews que ça pose problème. Il y a tellement de courants de pensée dans nos livres, dans nos émissions. Personne ne pensait qu'il allait être président de la République. » Le sénateur David Assouline (groupe socialiste, écologiste et républicain) l'a alors corrigé : « Il ne l'est pas encore. »

CHAPITRE 21

« VOS GUEULES SUR LE PRÉNOM »

Dix heures, je sonne à la porte du QG de cette campagne qui ne devrait plus tarder à s'officialiser. La veille, Johanna avait demandé si « des hommes » étaient disponibles pour une mission de manutention le 26 novembre jusqu'à 13 heures. J'en suis. Dimitri est derrière le bureau d'accueil, qu'il a déplacé dans un petit espace à gauche de la porte d'entrée. Je le soupçonne d'avoir procédé à cette installation pour regarder ses séries tranquillement.

Dimitri et moi quittons le hall d'entrée pour nous rendre dans la cuisine, où je me sers un café. Rayan, un militant aux cheveux bruns rasés sur les côtés, nous rejoint. Puis c'est au tour de Jérôme. Grand, élégant, un physique de crooner avec des cheveux blonds soignés, il est le dernier à rejoindre l'équipe manutention. Assis sur une table, Dimitri me raconte avoir rejoint le mouvement assez tôt, en avril-mai. Comme il a 30 ans et qu'il était l'un des rares à ne pas être étudiant, il a pris des responsabilités assez vite. « Avec ma gueule et mes tatouages, Stanislas a aimé mon profil différent. Du coup, ils m'ont envoyé dans les médias », complète Dimitri. Lors de la création du QG, il a eu un rendez-vous avec Gilbert Payet, et ils ont convenu qu'il fallait le salarier pour qu'il assure l'accueil et la sécurité du bâtiment. Il gère aussi l'un des comptes de la campagne sur les réseaux sociaux. Dimitri estime qu'il travaille 75 heures par semaine, ce qui lui laisse peu de temps pour son fils, Miguel. Il prévient, mi-sévère, mi-amusé : « Vos gueules sur le prénom, je vous le dis tout de suite : j'étais pas zemmourien à l'époque ! »

Dimitri revient sur un épisode survenu la semaine passée. Alors qu'il fumait une cigarette dans la rue, une Clio s'est garée non loin du local, avec à son bord « des Rebeus, évidemment ». Le brun tatoué s'excuse immédiatement auprès de Rayan, probablement d'origine arabe : « Désolé, mais c'est comme ça. » Il reprend. Un type descend de la voiture, pisse sur la porte du QG et met des coups dans le digicode en criant :

« Zemmour, fils de pute ! » Dimitri a eu le temps de relever la plaque avant de se rendre au commissariat, où il est tombé sur une « adorable flic zemmourienne ». Au fil de la discussion, nous abordons la une du jour, signée *Closer*. Sur sa première page, le magazine people titre : « Éric Zemmour, il va être papa ». Dimitri trouve que ça peut jouer en faveur du Z. « En France, tu t'attaques pas à une femme, même si elle est d'extrême droite. Et en plus, tu t'attaques pas à une femme enceinte. Zemmour passe du mec qui a une maîtresse à un papa. En termes d'image dans l'opinion, ça peut être très très bon ! »

Déjà quarante minutes que je suis là, et rien n'a été livré. Je sors fumer une cigarette. Jérôme, le crooner, m'accompagne. « Moi, je suis dans les chevaux de course, dans l'élevage de chevaux », m'apprend-il. À 21 ans, il est apprenti et habite à Paris. Dimitri nous rejoint : « Tu fais du canasson ? » Jérôme, toujours très calme, réexplique. Avec son franc-parler habituel, Dimitri accapare très vite la conversation : « Ah bah c'est un milieu qui ne m'intéresse pas du tout ! Y a des sports qui te touchent et d'autres non, là pas du tout ! » Il n'aime pas le côté « m'as-tu-vu » de ce secteur. Nous jetons nos mégots et nous rentrons dans le QG.

Dans la cuisine, Rayan n'a pas bougé. Assis sur le canapé, il reste les yeux rivés sur son téléphone. Je l'interroge sur ses fonctions au sein de GZ. Rayan me raconte qu'il fait partie d'une équipe d'une dizaine de personnes chargées de vérifier les réseaux sociaux des personnes souhaitant rejoindre GZ et de les contacter. Cette tâche est chronophage, mais Rayan me rassure : « Ça va, j'ai du temps libre, comme je passe le bac… À l'université, détaille-t-il face à mon étonnement. J'ai 22 ans et avant je travaillais dans la restauration. Là, je suis en remise à niveau, et après j'ai deux ans pour le passer. » Sans diplôme dans une société où le niveau de rémunération en dépend, il m'explique se sentir coincé. Il vise un master, probablement en sciences politiques.

Rayan est le seul membre de sa famille, musulmane, à soutenir Zemmour. Ses parents l'ont vu à la télévision, lors du meeting de Bordeaux. Cet engagement dérange sa mère. Son père est moins opposé à cette idée. « J'ai vu ce que Zemmour décrit, justifie Rayan. Quand il parle de déclin de la France, d'assimilation, des banlieues qui flambent… Je ne peux qu'être d'accord avec lui, c'est du bon sens. »

Il m'explique aussi que, comme une partie des membres de GZ, il compte passer l'un de ses prochains week-ends à l'Institut de formation politique (IFP). Sur son site internet, l'IFP annonce former « de jeunes Français courageux, désireux de servir notre pays ». Alexandre Pesey, le directeur et cofondateur de l'école, complète : « Notre pays a besoin d'une jeunesse engagée pour participer à son redressement. » L'école propose des interventions sur des thèmes comme « Islam et islamisme », « Les libertés au service de la prospérité économique » ou « Les grands mythes de l'économie verte ». Les séminaires, dont le coût n'excède pas les 60 euros pour un week-end, sont aussi tournés vers l'action, avec des exercices pratiques pour apprendre à mener une campagne sur les réseaux sociaux ou à réussir un entretien télévisé. Éric Zemmour a déjà été invité par l'école en tant que « grand témoin ». De nombreux membres de GenZ sont passés par cette formation, à commencer par Stanislas Rigault et Samuel Lafont – qui y officie désormais en tant qu'intervenant. L'IFP semble avoir été l'une des matrices du zemmourisme, du moins une antichambre.

Au QG, Dimitri demande à Jérôme de le remplacer pour la permanence de cet après-midi. Il s'agit de sa première perm', alors je me propose de le guider. À notre retour dans la cuisine, toujours aucunes nouvelles du colis que nous sommes censés descendre à la cave. Dimitri me confie qu'il n'habite pas loin du QG, dans un 100 mètres carrés. Mieux, à 30 ans, il est propriétaire de cet appartement estimé à 1,3 million d'euros. Il s'explique :

— J'ai aucun mérite, c'est mon daron…

Rayan le coupe :

— Je peux l'acheter ?

— Toi, déjà, avec ta tête, on te le vendra pas, lance Dimitri.

Rayan ne semble pas vexé par cette seconde remarque le renvoyant à ses origines et son apparence.

Si à 30 ans Dimitri possède un tel patrimoine, c'est parce que son père, un ancien kiné de 76 ans, lui a légué cet appartement, dans lequel il organise quelques soirées entre militants chevronnés.

Dimitri connaît bien la maison : « La création de GZ, c'est février, mais il y a une légende qui entoure tout ça. » Je le questionne : quelle est donc la véritable histoire derrière la légende ? « Je dirai pas », répond sèchement Dimitri. La version officielle : Génération Z a été créée spontanément pour inciter le journaliste à se présenter.

CHAPITRE 22

PERDRE DES AMIS

Ce soir, j'ai programmé une virée dans un bar en compagnie de Jean-Lucio et Nathan. Nous nous promenons autour de la Butte-aux-Cailles et tombons d'accord pour nous installer dans un établissement où le prix de la bière nous paraît abordable.

Nous commentons les réactions sur Twitter à la suite de notre collage à Tolbiac. Une fois que Jean-Lucio a fustigé la « bien-pensance », qu'il juge être « un nouveau totalitarisme », nous discutons plus calmement de leur vote pour le candidat RN Thierry Mariani aux dernières régionales, de leur engagement et du fait de le partager, ou non, à leur entourage. Jean-Lucio se montre le plus déterminé : « J'ai trouvé en Zemmour quelqu'un qui représente mes valeurs et je suis prêt à perdre des amis. Ce ne sont pas de vrais amis s'ils me jugent là-dessus. Je suis au clair avec ma pensée et mes actions. Nathan ne veut pas le dire, et je le comprends, parce qu'on a beaucoup d'amis de gauche qui ne savent pas qu'on est militants. »

Le jeune homme de 20 ans se montre même prosélyte avec sa famille. Sans succès : « Ma mère, elle m'énerve, parce qu'on est d'accord sur le constat, mais on n'est pas d'accord sur les mesures à mettre en place, se désole-t-il. Quand j'ai déballé la théorie du "grand remplacement", qui n'est pas vraiment une théorie mais une étude socio-démographique, elle m'a dit : "Oui, t'as raison." Mais quand je lui ai dit qui défendait ça – Zemmour –, elle est devenue contre. Elle, elle a foi en Montebourg. »

Après quelques verres, Jean-Lucio m'explique comment il est progressivement passé, en deux ans, d'un engagement pour la coalition de gauche, lors des municipales de Marseille, à la droite : « J'ai un esprit écolo, donc les Verts, ça m'a toujours intéressé, et j'ai été élevé par des parents de gauche, donc le socialisme, ça collait avec mes valeurs. Mais je ne me sentais pas représenté par ce qu'était le Printemps marseillais, une gauche cosmopolite. » Nathan l'interrompt : « Jean-Lucio, c'était un vrai gauchiste ! Quand j'aimais Zemmour, j'osais pas lui dire, à l'époque. »

En écoutant ce soir Nathan et Jean-Lucio, peut-être les deux zemmouriens dont je me suis le plus rapproché, j'ai l'impression qu'ils se sont comme convertis à une religion politique. Leur prosélytisme a eu pour eux des conséquences amicales, familiales, et donc personnelles. Adhérer au Z, c'est presque automatiquement se retrouver en position clivante, mais ce qui m'étonne le plus, c'est que ses aficionados ont sincèrement l'air de ne pas comprendre pourquoi.

*

Ma semaine est décidément chargée. Samedi, une heure après mon réveil, je me rappelle que Dimitri m'a inscrit pour la garde au QG le soir même. Et ce n'est pas fini : le lendemain, je dois me rendre à la messe avec Jean-Lucio.

Lorsque je me réveille le dimanche 28 novembre, au QG, un militant blondinet sonne en avance pour me relayer. Je me souviens de lui, il s'appelle Martin. J'ai déjà pris sa relève, je me souviens qu'il passe son temps à tout critiquer. Quand je lui raconte que, la veille, j'ai revu *Man of Steel*, une récente adaptation cinématographique de Superman, Martin se lâche : « Ça part en n'importe quoi, Superman qui devient bi, un autre héros qui devient noir. Je suis allé voir *La Reine des neiges 2*, l'autre fois, et ils ont réussi à mettre des Noirs dans un royaume scandinave. C'est comme Omar Sy qui joue Arsène Lupin. » J'essaie de nuancer : Omar Sy joue un personnage contemporain qui s'inspire du célèbre gentleman cambrioleur. « C'est comme Aïssa Maïga, ça me fait rire. Cette pute fait croire que c'est une victime parce qu'elle est noire. Je suis allé voir sa fiche, c'est la Noire qui aux César avait dit qu'elle comptait le nombre de Blancs dans la salle. Alors que j'ai regardé son CV : elle a fait quarante films, alors qu'elle a 20 ans ! » L'actrice et réalisatrice Aïssa Maïga a en réalité 46 ans. Outre les insultes, je repère un tic de langage chez lui : le « c'est comme ». Il poursuit : « C'est comme l'autre pute, là, Assa Traoré, qui fait des pubs pour L'Oréal. Non, pour Louboutin [information que la marque a nuancée]. C'est formidable, tu fais ta petite pute antiraciste, et voilà ! » Se rend-il compte que ses paroles traduisent une obsession teintée de haine pour les personnes noires et célèbres ? Je n'en suis même pas sûr.

Jean-Lucio sonne à la porte du QG. Nous avions convenu qu'il viendrait récupérer quelques affiches pour un prochain collage avant que nous allions à la messe. Animal social, Jean-Lucio échange avec Martin pendant que je me prépare un café. Le blondinet continue de s'énerver en évoquant le doigt d'honneur que Zemmour a fait la veille à Marseille : « Zemmour avait dit qu'on rendrait coup pour coup, et je suis très content qu'à partir de maintenant nous le fassions. Si c'était à refaire, il faudrait le refaire. Il faut être décomplexé. »

Jean-Lucio et moi quittons le QG et nous nous engouffrons dans le métro pour nous rendre à l'église Saint-Étienne-du-Mont, avec un rapide arrêt à l'appartement de mon camarade pour y déposer ses affiches. Excepté la localisation, à quelques pas du Panthéon, son 15 mètres carrés correspond parfaitement au cliché de l'appartement étudiant : un T1 avec un lit en mezzanine et de la vaisselle dans l'évier. Il est déjà 11 heures, la messe vient de commencer et nous avons un peu plus de cinq minutes de trajet pour y arriver. Passé la porte, la voix du curé résonne : « En ces jours-là, Juda sera sauvé, Jérusalem habitera en sécurité, et voici comment on la nommera : “Le-Seigneur-est-notre-justice”. Parole du Seigneur. »

Parmi toute cette cohorte d’habitués, Jean-Lucio détonne. Il a beau assister régulièrement à la messe, il n’a pas encore les automatismes liturgiques que je n’ai, pour ma part, pas perdus. Quand le curé lance « Le Seigneur soit avec vous », j’enchaîne sans réfléchir « Et avec votre esprit ». J’ai fait six ans de catéchisme, j’allais à la messe pratiquement tous les dimanches. Puis, vers l’âge de 13 ans, j’ai commencé à me poser des questions, jusqu’à me détacher de la religion catholique.

Jean-Lucio le néoconverti semble compenser son manque d’expérience par un surinvestissement, en se mettant par exemple à genoux pour prier, pratique assez minoritaire. Au moment de prendre l’hostie, Jean-Lucio salue un vieil homme avec qui il fait des maraudes pour les plus pauvres, une fois par semaine.

« Dans le sillage de Zemmour, un élément est visible : le nombre de catholiques conservateurs qui le suivent, l’entourent et le promeuvent », rappelle un article de l’hebdomadaire chrétien *La Vie*[32]. Ainsi, l’association versaillaise Éveilleurs

32. « Mais qui sont ces catholiques qui suivent Éric Zemmour ? », Henrik Lindell, Pierre Jova et Pascale Tournier, *La Vie*, 27 octobre 2021.

(auparavant « Éveilleurs d'espérance ») – qui regrette sur son site internet « l'apparition du communautarisme, l'expansion de l'islam et l'explosion de la violence (en France) » – a invité le polémiste quatre fois depuis 2015. Par ailleurs, différentes figures chrétiennes s'affichent aux côtés du Z. *La Vie* liste notamment « Jean-Frédéric Poisson, dirigeant de VIA / La voie du peuple (ex-Parti chrétien-démocrate), Laurence Trochu, présidente du Mouvement conservateur (anciennement Sens commun), l'essayiste Patrick Buisson et le chanteur Jean-Pax Méfret, barde de l'Algérie française et de la lutte contre le communisme dans les années 1980. Enfin, l'homme qui assure la sécurité d'Éric Zemmour, Albéric Dumont, est le porte-parole officiel de La Manif pour tous. »

La messe terminée, Jean-Lucio me propose de manger dans un restaurant du quartier. L'étudiant en école de commerce m'y parle de Génération identitaire et de sa crainte que les actions violentes puissent nuire à GenZ. Il revient aussi sur les racines de son engagement militant : « Nathan et moi, on fait partie des classes populaires, la seule chose qu'on a, comme disait Bainville, c'est la nation. »

Peu avant 14 heures, alors que le restaurant s'est vidé, Jean-Lucio entame une discussion avec une dame, cheveux courts, probablement la soixantaine, qui déjeune seule à l'autre bout de la pièce. Ils échangent sur tout un tas de sujets : l'intelligence réelle ou supposée des anciens présidents de la République, l'ENA, la fiscalité européenne... Leurs constats sont souvent assez semblables, jusqu'au moment où la dame confie qu'elle pourrait voter Macron aux prochaines élections.

CHAPITRE 23

« EXILÉS DE L'INTÉRIEUR »

29 novembre, Twitter.

> Stanislas Rigault : « Vous l'attendiez ? À demain. #ZemmourCandidat »

*

30 novembre, 12 heures. Sur sa chaîne YouTube, Éric Zemmour publie une vidéo intitulée « Éric Zemmour : "Je suis candidat à l'élection présidentielle" ». Extraits.

> Mes chers compatriotes,
>
> Depuis des années, un même sentiment vous étreint, vous oppresse, vous hante : un sentiment étrange et pénétrant de dépossession. Vous marchez

dans les rues de vos villes et vous ne les reconnaissez pas. Vous regardez vos écrans, et on vous parle une langue étrange et pour tout dire étrangère. Vous jetez un œil et une oreille aux affiches publicitaires, aux séries télévisées, aux matchs de football, aux films de cinéma, aux spectacles, aux chansons et aux livres scolaires de vos enfants.

[…]

Vous patientez dans un commissariat ou dans un tribunal, et vous avez l'impression de ne plus être dans le pays que vous connaissez.

[…]

Vous n'avez pas déménagé, et pourtant vous avez la sensation de ne plus être chez vous. Vous n'avez pas quitté votre pays, mais c'est comme si votre pays vous avait quittés. Vous vous sentez étrangers dans votre propre pays. Vous êtes des exilés de l'intérieur.

Longtemps, vous avez cru être le seul à voir, à entendre, à penser, à craindre. Vous avez eu peur de le dire, vous avez eu honte de vos impressions. Longtemps, vous n'avez pas osé dire ce que vous voyiez, et surtout vous n'avez pas osé voir ce que vous voyiez.

Et puis, vous l'avez dit à votre femme, à votre mari, à vos enfants, à votre père, à votre mère, à vos amis, à vos collègues, à vos voisins. Et puis,

vous l'avez dit à des inconnus, et vous avez compris que votre sentiment de dépossession était partagé par tous.
La France n'était plus la France, et tout le monde s'en était aperçu.
Bien sûr, on vous a méprisés. Les puissants, les élites, les bien-pensants, les journalistes, les politiciens, les universitaires, les sociologues, les syndicalistes, les autorités religieuses vous disaient que tout cela était un leurre, que tout cela était faux, que tout cela était mal. Mais vous avez compris avec le temps que c'étaient eux qui étaient un leurre, que c'étaient eux qui avaient tout faux – que c'étaient eux qui vous faisaient du mal.
La disparition de notre civilisation n'est pas la seule question qui nous harcèle. L'immigration n'est pas cause de tous nos problèmes, même si elle les aggrave tous.
[…]
Bien sûr, nous devons restaurer notre école républicaine, son excellence et son culte du mérite, et cesser de livrer nos enfants aux expériences égalitaristes des pédagogistes et des Docteur Folamour des théories du genre et de l'islamo-gauchisme.
Bien sûr, nous devons reconquérir notre souveraineté, abandonnée aux technocrates et aux juges européens qui ont dépouillé le peuple français de sa

capacité à décider de son sort, au nom des chimères d'une Europe qui ne sera jamais une nation.
Oui, nous devons rendre le pouvoir au peuple! Le reprendre aux minorités qui ne cessent de tyranniser la majorité et aux juges qui substituent leur férule juridique au gouvernement du peuple, par le peuple, pour le peuple.
Depuis des décennies, nos gouvernants, de droite comme de gauche, nous ont conduits sur ce chemin funeste du déclin et de la décadence. Droite ou gauche, ils vous ont menti, vous ont dissimulé la gravité de notre déclassement, ils vous ont caché la réalité de notre remplacement.
Vous me connaissez depuis des années. Vous savez ce que je dis, ce que je diagnostique, ce que j'annonce. Je me suis longtemps contenté du rôle de journaliste, d'écrivain, de Cassandre, de lanceur d'alerte. Je croyais alors qu'un politicien allait s'emparer du flambeau que je lui transmettais. Je me disais "à chacun son métier, à chacun son rôle, à chacun son combat". Je suis revenu de cette illusion.
Comme vous, je n'ai plus confiance. Comme vous, j'ai décidé de prendre notre destin en main.
[...]
Il n'est plus temps de réformer la France, mais de la sauver.

J'ai donc décidé de me présenter à l'élection présidentielle.
[…]
Face à nous se dressera un monstre froid et déterminé qui cherchera à nous salir. Ils vous diront que vous êtes racistes, ils vous diront que vous êtes animés par des passions tristes, alors que c'est la plus belle des passions qui vous anime, la passion de la France ; ils vous diront le pire sur moi. Mais je tiendrai bon. Les quolibets et les crachats ne m'impressionneront pas. Je ne baisserai jamais la tête, car nous avons une mission à accomplir. Le peuple français était intimidé, tétanisé, endoctriné. Culpabilisé. Mais il relève la tête, il fait tomber les masques, il dissipe les miasmes mensongers, il chasse ses mauvais bergers.
Nous allons continuer la France. Nous allons poursuivre la belle et noble aventure française. Nous allons transmettre le flambeau aux prochaines générations.
Aidez-moi ! Rejoignez-moi ! Dressez-vous ! Nous, les Français, nous avons toujours triomphé de tout.

Vive la République, et surtout vive la France.

CHAPITRE 24

« UNE INTERVIEW DE PROCUREUR »

Enfin, Éric Zemmour a dévoilé ce qui n'est plus un secret pour personne : il se présente à l'élection présidentielle. Mardi 30 novembre, midi, son équipe de campagne publie une vidéo de dix minutes dans laquelle il annonce sa candidature, sur fond du deuxième mouvement de la *Septième Symphonie* de Beethoven. Les conversations GZ s'activent sur Telegram.

J'envoie un message à Dimitri pour lui proposer de l'aider au QG de campagne. Deux heures plus tard, il me contacte et me demande de venir donner un coup de main à 18 heures. Ravi, j'accepte. Ce soir, je m'attends à voir tout le gratin zemmourien. Et même le Z, qui sait ?

Quand j'arrive, de nombreux journalistes et des caméras campent devant le QG. Deux colosses montent la garde. Et si, cette fois, on me demandait ma carte d'identité ? J'essaie de joindre Dimitri, sans succès. Il finit par arriver, me fait passer la première porte en lançant au gardien un simple « Il est avec moi ». Je croise Samuel Lafont, à qui je lance un « Bonjour » qu'il ne me rend pas. Une fois dans le hall du QG, je croise Jérôme, le militant-crooner, vêtu d'un costume et d'une chemise noire. Dimitri m'invite à descendre à la cave pour enfiler un tee-shirt « Génération Z » et une casquette « Zemmour 2022 ». Par rapport au tee-shirt que j'avais reçu à Bordeaux, une branche a fait son apparition à côté du « Zemmour 2022 ». Johanna, qui m'entend disserter sur cette branche avec Dimitri, nous explique : « C'est une branche d'olivier. C'est la paix. Ça veut dire aussi "zemmour" en berbère. » Le nom propre « Zemmour » vient du berbère *azemmur*, qui désigne l'olivier. « C'est un clin d'œil à ses origines qui lui plaisait. Il a voulu que l'on ajoute cet emblème, qui peut se décliner en bleu, blanc, rouge… », déclarera à *La Vie*[33]

---

33. « Que représente le rameau d'olivier, présent sur le logo de campagne d'Éric Zemmour ? », Enola Richet, *La Vie*, 9 décembre 2021.

le directeur de communication du candidat, Olivier Ubéda. Le spécialiste des religions Charles Mercier, lui aussi interrogé par *La Vie*, liste les différentes symboliques de cette branche : le rameau d'olivier envoyé par Dieu à Noé pour lui annoncer la fin du déluge, mais aussi une possible branche de laurier, qui représenterait « une résurgence du décorum fasciste, une référence à Mussolini qui se fit couronner de laurier, en empruntant à l'Empire romain ».

Dans le hall d'entrée, un sapin et une crèche ont fait leur apparition. Un écran de projection a aussi été installé en haut du premier escalier. Sur les murs, des autocollants « Zemmour 2022 » avec un olivier ont été collés.

En déambulant dans le QG, je croise tout l'entourage du candidat : Gilbert Payet, Stanislas Rigault, Samuel Lafont, Olivier Ubéda… Même Thibaut, le policier qui s'occupait de la permanence de jour lors de ma première soirée de garde. Dans le hall d'entrée, Thibaut me raconte que c'est l'anniversaire de sa copine et qu'elle a eu du mal à comprendre qu'il aille soutenir le Z plutôt que de passer la soirée avec elle. « Elle n'accepte pas vraiment mon engagement, elle a voté Macron en 2017, se désole-t-il. Un jour, à une heure du matin, je lui ai dit que le pire qu'elle pourrait me faire, c'est voter Macron à nouveau. »

Margot, une fille dotée d'une fossette sur le menton, vient nous interrompre : « Toi aussi, t'es de la police ? Je suis syndicaliste à Alliance ! »

Soudain, du monde s'agite autour de moi. « Les GZ, faites une allée pour accueillir Zemmour ! » hurle Olivier Ubéda. Thibaut et Margot m'informent que, du fait de leur devoir de réserve, ils ne souhaitent pas être filmés. Pour être précis, le Code de déontologie de la police nationale et de la gendarmerie nationale[34] parle d'« obligation de neutralité » pour le policier « dans l'exercice de ses fonctions ». Et, effectivement, ce code ajoute : « Lorsqu'il n'est pas en service, le policier s'exprime librement dans les limites imposées par le devoir de réserve et par la loyauté à l'égard des institutions de la République. » Comme je préfère moi aussi rester discret, je disparais aux toilettes le temps que passe la tempête.

De retour dans le hall d'accueil, je vois Zemmour saluer son auditoire. Le passage du

34. Article R434-29.

candidat est bref. Cinq minutes après son arrivée, il part déjà en direction des bureaux de TF1, à Boulogne-Billancourt. Au milieu de la foule, je reconnais Stéphane et Noé, avec qui j'avais tracté auprès des maires. Puis je retrouve les deux policiers, Margot et Thibaut.

Déjà 19 h 50. Tout le monde se dirige vers le hall d'accueil pour suivre la retransmission du 20 heures. « Je vous rejoins. Je suis chargée d'assurer l'accueil et de noter les noms des personnes qui sortent et rentrent toute la soirée, nous rappelle Margot. Donc je vais me mettre au fond, pour avoir un œil sur la porte d'entrée. » La grand-messe du 20 heures peut commencer. Au programme : la cérémonie d'entrée de Joséphine Baker au Panthéon, les infections au coronavirus qui grimpent en flèche, le premier cas avéré de variant Omicron… « Bla-bla-bla », commente ma voisine.

Enfin, retour sur le plateau du JT pour l'interview d'Éric Zemmour par Gilles Bouleau. Dans le QG, l'audience applaudit, pousse quelques cris d'excitation et se fait immédiatement reprendre au vol : « Je vais vous demander de baisser d'un ton et d'arrêter de parler ! » lance une personne dans l'assemblée. Avant l'interview, TF1 diffuse un extrait de la déclaration de candidature de

Zemmour, puis rappelle les dernières séquences médiatiques du Z : ses rencontres littéraires, sa conférence de presse devant le Bataclan, son déplacement chahuté à Marseille et son doigt d'honneur.

À peine l'interview commencée, Gilles Bouleau interroge Éric Zemmour sur les nombreuses séquences de son clip de campagne utilisées sans l'autorisation des propriétaires ou ayants droit (quelques propriétaires en question : l'AFP, l'INA, Radio France, Gaumont ou encore *Quotidien*). « Est-ce que c'est une maladresse ? » demande le présentateur au candidat. Agacé, Éric Zemmour rétorque : « Vous savez, les querelles de juristes, moi, je ne m'occupe pas de ça. » Dans la foulée, Gilles Bouleau lui demande s'il fera « un bras d'honneur » au Premier ministre britannique en cas de différend sur les zones de pêche, la salle lâche un râle de mécontentement. Puis le QG applaudit et des « Bravo ! » fusent quand le Z parle d'identité, quelques minutes plus tard :

Les militants déchantent quand Gilles Bouleau continue de ferrailler sur un autre sujet :

— Comment vous allez les convaincre, alors que, dans ce que vous dites, dans ce que vous écrivez, vous laissez entendre que les femmes sont inférieures aux hommes ?

Je me tourne vers Thibaut, qui fait la moue et souffle : « Ces questions… » Ma voisine applaudit à tout rompre au moment où Zemmour rétorque que sa candidature est celle qui défend le mieux les femmes. Quand Gilles Bouleau conclut l'interview, quelques minutes plus tard, le candidat à l'élection présidentielle se plaint de ne pas avoir été interrogé davantage sur son projet politique.

À la fin de l'interview, je sors fumer une énième cigarette dans la cour. Puis un membre GZ me demande de l'aider à mettre un peu d'ordre avant le retour de Zemmour. Nous récupérons des gobelets usagés pour les laver dans le lavabo à côté des toilettes. Après une vingtaine de verres nettoyés, j'entends les proches de Zemmour l'acclamer. Le voilà de retour au QG, entouré de nombreux journalistes. Au milieu du grand hall du QG de campagne, le candidat s'énerve : « C'était une interview d'un procureur. TF1 ne m'avait pas prévenu de cela, ils m'avaient dit autre chose. Et si vous voyez toutes les interviews de M. Bouleau pour tous les autres candidats, vous verrez la différence. Vous verrez la différence de ton, vous verrez la différence de questions. Vous verrez que, devant les autres, il s'efface poliment, humblement, je dirais même parfois de façon larvaire. »

Imitant d'autres militants à mes côtés, je me retrouve, dans la foulée, à faire un selfie avec Éric Zemmour. Est-ce pour avoir l'air de faire comme tous mes « camarades » ? Est-ce pour garder un maximum de traces de mon immersion ? Le temps que ces questions défilent dans ma tête, « clic », ma présence à ses côtés est immortalisée.

Je le remercie et retrouve Margot en train de nettoyer la vaisselle. Je la taquine sur le fait qu'une femme est en train de faire la vaisselle dans un mouvement accusé de misogynie. N'est-ce pas difficile pour une femme de soutenir le Z, accusé d'avoir une vision rétrograde des femmes ? Margot prend un air sérieux : « Là où je suis d'accord avec lui, c'est qu'il y a un moment où il faut arrêter de faire du 50-50. Je suis pour la méritocratie. Je trouve que c'est encore pire en tant que meuf de se demander si tu es là parce que tu es compétente ou si tu es un quota. » Elle m'explique que, dans son syndicat, ils doivent s'assurer de respecter la parité, alors même qu'il y a une faible proportion de femmes dans les forces de l'ordre. « J'ai grandi avec une mère qui me disait que, si mon père gagnait assez, elle préférerait faire bobonne à la maison, poursuit Margot. Autant mon frère respecte de ouf les femmes, autant, ma sœur et moi, on s'en bat les couilles. »

La discussion terminée, je range un peu la cuisine. Il est 22 heures, et il ne reste déjà plus grand monde au QG. Éric Zemmour et Sarah Knafo semblent être partis. Je me décide moi aussi à quitter la soirée.

CHAPITRE 25

LA FALSIFICATION DE « CHEEP »

Je sollicite Jules, l'administrateur de Wikipédia avec qui je suis entré en contact, pour obtenir plus d'informations sur Gabriel, alias « Cheep ». Pour rappel, dans la discussion de la cellule WikiZédia, Gabriel s'est présenté comme « chargé de la page Wikipédia d'Éric Zemmour ». Jules se montre tout de suite choqué quand il apprend que Cheep fait partie de la cellule WikiZédia. Car Cheep n'est pas n'importe qui dans la communauté des « wikipédiens » : d'après les statistiques fournies par l'encyclopédie en ligne, il totalise depuis 2006 près de 169 000 contributions, ce qui en fait le 64e contributeur de Wikipédia en langue française. Il s'agit donc d'un utilisateur extrêmement expérimenté, que la communauté nomme

« *autopatrolled*[35] », c'est-à-dire dont les modifications sur les pages sont considérées comme vérifiées automatiquement.

Le 3 décembre 2021, à 00 h 05, Gabriel-Cheep intervient sur la page Wikipédia consacrée à Éric Zemmour. Il ajoute des portraits photo du maréchal Pétain et de Pierre Laval, chef du gouvernement sous le régime de Vichy. Sous les photos, Cheep rédige la légende suivante : « Philippe Pétain et Pierre Laval, dont la responsabilité dans la Shoah en France est sujette à débat. »

Une affirmation totalement fausse. Le consensus des historiens est le suivant : Pierre Laval a été un collaborateur actif de l'Allemagne nazie. Le général de Gaulle – le modèle politique dont se revendique Éric Zemmour – écrit même dans le second tome de ses *Mémoires de guerre* : « [Pierre Laval] jugea qu'il était possible de tirer parti du pire, d'utiliser jusqu'à la servitude, de s'associer même à l'envahisseur, de se faire un atout de la plus affreuse répression. Pour mener sa politique, il renonça à l'honneur du pays,

---

35. L'acquisition de ce statut « *autopatrolled* » suppose que l'utilisateur réponde à deux conditions : avoir un compte créé depuis au moins quatre-vingt-dix jours et avoir effectué au moins 500 modifications.

à l'indépendance de l'État, à la fierté nationale. » Au tout début de l'ère gaullienne, Pierre Laval fut condamné à mort par la Haute Cour de justice de la République et fusillé, le 15 octobre 1945, pour « haute trahison et complot contre la sûreté intérieure de l'État ». Enfin, l'affirmation de Gabriel-Cheep est d'autant plus étonnante qu'Éric Zemmour lui-même n'a jamais contesté publiquement la responsabilité de Vichy (Pétain et Laval, donc) dans la Shoah en France. La thèse que défend Éric Zemmour est la suivante : Vichy aurait choisi de « sacrifier les Juifs étrangers pour sauver les Juifs français ». Ce qui, encore une fois, va à l'encontre du consensus établi par les historiens.

Sauf que les pages politiques sont très surveillées. Un autre utilisateur de Wikipédia (dont le pseudo est « Lefringant ») annule une première fois la modification mensongère de Gabriel-Cheep, une minute seulement après sa publication. À 00 h 10, Cheep revient à la charge en indiquant « Images appropriées ». Lefringant annule de nouveau la modification en commentant « L'image peut-être, la légende absolument pas ». Cheep passe en force en disant « Il suffit de lire l'article sur Laval ». Lefringant annule de nouveau. Une administratrice de Wikipédia (dont le pseudo est « Bédévore ») intervient pour stopper la « guerre d'édition ». Elle immobilise cette page pendant vingt-quatre heures, sans la légende de Cheep. Le lendemain, plusieurs contributeurs expérimentés reprochent à Gabriel-Cheep ses modifications contraires à la neutralité de point de vue, l'un des principes fondateurs de Wikipédia. Un administrateur propose un blocage d'une semaine pour Cheep.

Pour se défendre, Cheep demande à ce que l'on suppose sa bonne foi, autre règle fondamentale sur Wikipédia. Il écrit : « Pas de procès d'intention. Il s'agit de l'article consacré à Zemmour, donc il me semblait relativement évident que la légende concernait son avis sur le sujet. » En tant que contributeur expérimenté, il sait pourtant que sa légende ne présentait nullement un point de vue, mais une affirmation générale. Son ancienneté le sauve, il n'est pas bloqué. Sa modification est néanmoins masquée pour « contenu illégal ».

CHAPITRE 26

GRAND REMPLACEMENT

4 décembre, conversation sur la messagerie sécurisée Telegram, projet WikiZédia. La discussion porte sur le brouillon de l'article sur *La France n'a pas dit son dernier mot*, l'ouvrage d'Éric Zemmour.

Stef (mention « propriétaire » du groupe de discussion) : « Dans la lignée des anciennes prises de position, cet ouvrage défend le grand remplacement », j'ai bien ri (émoticône mort de rire).

Raphaël Z : Honnêtement, je peux pas faire autrement que ça, haha. L'article est de toute façon condamné à être catégorisé « extrême droite ». Au début, je parle d'une « nouvelle démographie à diaspora étrangère », mais pas sûr que ça passe.

Gabriel (alias « Cheep » sur Wikipédia) : J'ai failli me prendre huit jours de blocage pour deux-trois ajouts sur l'article du Z. C'est verrouillé comme jamais.

Raphaël Z : Le passage sera modifiable à foison à publication.

Gabriel-Cheep (à propos de la « nouvelle démographie à diaspora étrangère ») : Ça passera pas.

Raphaël Z : Carte grand remplacement activée. Théorie du complot d'extrême droite.

Gabriel-Cheep : Haha

Raphaël Z : Selon Wikipédia.

[…]

Raphaël Z : Ah, j'aurais dû dire « défend la théorie du grand remplacement », parce que « s'oppose au grand remplacement », ça passera jamais.

Stef : Sauf que le grand remplacement n'est PAS une théorie. Donc faut trouver une formulation astucieuse.

CHAPITRE 27

PORTE OUVERTE

En cette veille de premier meeting de campagne, samedi 4 décembre, le QG, où j'assure de nouveau une garde nocturne, est en effervescence. La cuisine est pleine de responsables d'antennes locales de Génération Z venus à Paris pour soutenir leur candidat. Trente minutes après mon arrivée au QG, Stanislas Rigault apparaît pour échanger quelques mots avec les militants.

De nombreux rendez-vous entre militants ont été fixés dans des bistrots parisiens, parmi lesquels le Ringstore, le bar-restaurant-librairie des éditions Ring, connues pour avoir édité une partie de la nouvelle génération identitaire française, de l'essayiste Laurent Obertone au dessinateur Marsault.

Vers 22 heures, les derniers militants qui travaillent sur la campagne quittent le local. Je fais un traditionnel tour des lieux, pour voir s'il ne reste plus personne au QG et si toutes les fenêtres et les portes sont bien fermées. Je constate que le bureau d'Éric Zemmour est ouvert. Ce n'est pas la première fois que ça arrive, et le peu de protection qui entoure cette campagne me sidère – je me mets à réagir comme le militant que je suis censé être. En revanche, je ne fouillerai pas dans les affaires du Z. J'enquête sur son entourage et ses méthodes, sur les zones d'ombre entre les discours et la réalité, sur les tactiques non revendiquées. Mais je ne suis pas un espion; tout ce que je fais, je veux pouvoir l'assumer et le rendre public.

Le tour des lieux terminé, je retourne à mon poste. Le groupe consacré au projet WikiZédia me presse de compléter la page Wikipédia du livre *La France n'a pas dit son dernier mot*. J'ai accepté, car il faut bien que je justifie ma présence dans cette cellule restreinte, et @Choucroute-gourmande me demande régulièrement si j'ai pu avancer. Une nouvelle fois, je veille à ne pas trop en faire. Être un « observateur participant », comme on dit en cours de sociologie, n'est pas chose aisée. Je me contente du service minimum, j'ajoute quelques citations tirées de son livre.

Je cite notamment la phrase où Marine Le Pen aurait dit au Z : « Éric, tu vas faire 3 % et tu ne vas pas m'empêcher d'être au second tour, mais tu m'empêcheras d'être en tête. »

Soudain, la sonnette retentit. J'allume la caméra, ne reconnais pas la personne qui apparaît sur l'écran de contrôle. Je demande qui c'est. « Tom Didi, je travaille ici », on me répond à travers l'interphone. « J'ai pas l'habitude de recevoir du monde à 23 heures, laissez-moi juste vérifier. » La personne s'impatiente. Je prends le carnet dans lequel nous notons tous les passages au QG. L'homme continue de râler dans l'interphone. Effectivement, un « Tom Didi » a bel et bien été noté plusieurs fois. Je lui ouvre. Tom est froid, c'est à peine s'il me regarde en entrant. Il n'a visiblement pas aimé attendre. Il fait le tour du local, comprend qu'il n'y a personne d'autre que moi. Il m'adresse enfin la parole : « Il n'y a pas Sarah ? » Négatif. Je lui confesse que c'est ce qui explique ma vigilance avant d'ouvrir la porte, surtout à une heure si tardive. Tom Didi s'installe dans l'une des deux salles de travail du rez-de-chaussée, j'en profite pour le googler : « Juriste, entrepreneur et conseiller. Membre des Amis d'Éric Zemmour », indique-t-il dans sa bio Twitter. Une demi-heure plus tard, il repart déjà.

Je rejoins mon matelas pneumatique pour me reposer avant le grand meeting de demain. Il est prévu que j'y tienne un stand de goodies.

CHAPITRE 28

VILLEPINTE

Quelqu'un frappe à la porte sans ménagement. J'ouvre les yeux et attrape mon téléphone. Il est 6 h 47. J'ai mal dormi, redoutant de me faire recaler à l'entrée du meeting de Villepinte, à cause de mon absence de carte d'identité. Quelle stratégie adopter pour entrer ?

La personne qui frappe à la porte insiste. Je me lève, enfile mon pantalon en vitesse, regagne le hall d'entrée et aperçois Dimitri sur l'écran. J'ouvre. « Bonjour, mon biquet », il me salue. Il est venu avec Johanna. Le réveil est d'autant plus sec que les deux zemmouriens sont sur le pied de guerre, et surtout stressés. Ils courent dans tous les sens, Dimitri grogne quand l'imprimante ne donne pas le résultat escompté. Je leur offre un coup de main, qui consiste à transporter des cartons. Les deux acolytes repartent quarante minutes après leur arrivée. Je m'assieds sur un siège pour me laisser le temps de me réveiller.

Le calme est de courte durée. Un type d'au moins un mètre quatre-vingt-dix, qui se présente comme faisant partie du service sécurité, sonne à la porte. Nous échangeons peu, mais suffisamment pour qu'il arrive à me rendre anxieux en me rappelant qu'il faudra présenter une carte d'identité pour entrer au meeting de Villepinte. Aurais-je dû m'inscrire sous mon vrai nom, et espérer qu'aucun de mes camarades ne le remarque ? Un peu tard pour se poser ces questions.

Sophie Calvel, la secrétaire de Zemmour, et Diane Ouvry, la porte-parole des Amis d'Éric Zemmour, arrivent à leur tour pour récupérer des documents. Quand elles annoncent être sur le départ, je leur dis que, s'il reste une place dans leur voiture, je suis intéressé. Sophie me répond qu'elle va demander à Gilbert Payet, leur conducteur, si c'est possible. Avec eux, j'échapperai peut-être au contrôle d'identité ?

Gilbert Payet arrive. Il lui reste une place, j'embarque avec eux. Je me retrouve sur la banquette arrière de la voiture de l'ancien préfet, à côté de

Diane Ouvry. Dans son article[36] sur l'équipe de campagne de Zemmour, *Mediapart* rappelle le CV de ma voisine de banquette : études de droit, responsable d'une cellule régionale de l'UNI, puis collaboratrice d'un élu LR. Elle a ensuite officié comme attachée de presse aux éditions Ring.

Les bras chargés de paperasse, Diane Ouvry semble un peu perdue. « C'est la liste des invités VIP du meeting, me dit-elle, et il faut les ranger dans les enveloppes en fonction des rangs où ils seront placés. » Éric Naulleau, Christine Boutin, Jean-Yves Le Gallou – chantre de la « préférence nationale » –, toute la famille Zemmour… Autant de têtes d'affiche et de proches qui seront aux premières loges. À l'avant de la voiture, Gilbert et Sophie parlent d'une autre figure du mouvement, Olivier Ubéda, ancien conseiller de Nicolas Sarkozy et de Bruno Le Maire, qui a rejoint l'équipe de campagne d'Éric Zemmour depuis plusieurs mois :
— Un type qui a 350 000 euros de dette fiscale, on l'envoie sur les plateaux pour communiquer ! s'agace Gilbert Payet.
— Heureusement que ce n'est pas sorti dans la presse, se rassure Sophie Calvel.

---

36. « L'équipe de campagne d'Éric Zemmour : le listing secret », Lucie Delaporte et Marine Turchi, *Mediapart*, 20 octobre 2021.

— Oui, mais ça arrivera un jour, insiste l'ex-préfet. Pour l'envoyer sur les plateaux comme étant notre communicant, alors qu'ils le savent, je ne comprends pas !

Ce que semblent ignorer Sophie Calvel et Gilbert Payet à ce moment précis, c'est que *Le Monde* a publié, le matin même, un article[37] sur Ubéda, « le maître image d'Éric Zemmour », dans lequel on apprend le montant de ses dettes – « plus de 300 000 euros » – et qu'il a l'interdiction de diriger une entreprise pendant dix ans.

— Vous avez pas vu l'article qui est sorti hier sur France Info ? demande Sophie Calvel. C'est marqué « les têtes pensantes Sarah Knafo et Olivier Ubéda ». J'ai manqué de mettre : depuis quand il est une tête pensante, lui ?

Nous arrivons sur le parking du parc des expositions de Villepinte. Un homme vêtu d'un gilet jaune nous explique où trouver une place. Mais, arrivé au lieu indiqué, Gilbert Payet se montre agacé : avec son macaron VIP, il devrait pouvoir se rendre au plus près de l'entrée du parc des

37. « Olivier Ubéda, le maître image d'Éric Zemmour », Ivanne Trippenbach et Franck Johannès, *Le Monde*, 5 décembre 2021.

expositions. Il décide de s'en rapprocher, tombe sur un deuxième homme en jaune.

Sophie Calvel s'énerve : « Mais vas-y, sors de ta cahute, toi ! Ducon, va ! » L'homme s'avance, elle lui dit : « Merci, monsieur. » Sur le ton de la confidence, Sophie Calvel s'étonne de voir tant d'hommes noirs :

— Y a pas un Blanc, depuis tout à l'heure. Sans être raciste, y en a pas un.

— Le problème, c'est qu'il s'agit de se mettre le plus près de la sortie, répond Gilbert Payet.

Gilbert Payet et Sophie Calvel cherchent encore leur chemin. Ils ne comprennent pas pourquoi ils ne peuvent pas accéder au parking par le passage qui leur semble le plus logique. Sophie Calvel pense que l'homme qui les a redirigés « n'a pas dû faire de différence », alors qu'un macaron est censé les identifier comme des VIP.

— Non, non, mais je vais lui expliquer, ça va être vite fait avec Mamadou, moi, hein !

— T'as qu'à lui dire, à Mamadou, renchérit Payet.

Sophie Calvel sort de la voiture pour aller parler à l'un des « placeurs » noirs.

Des militants de base jusqu'à deux hauts cadres du clan d'Éric Zemmour, j'ai le sentiment depuis le début de mon immersion que les personnes dont la peau n'est pas blanche sont souvent jugées avec mépris. Voire dépréciation. En tout cas, différemment.

De mon premier collage avec les GenZ, où Cédric emploie le terme « Nègres » sans susciter la moindre réaction, en passant par ce livreur qui apportait des tracts pro-Zemmour et à propos duquel Noé, en constatant qu'il était noir, remarquait auprès de nous tous « S'il savait ce qu'il transporte... », ou encore, en plein QG de campagne, Dimitri qui rappelait à Rayan, d'origine arabe, qu'il n'était pas son égal (« Toi, déjà, avec ta tête, on te le vendra pas [notre appartement] »), et maintenant deux membres issus de la tête du mouvement qui, dans le secret d'une voiture, appellent « Mamadou » des hommes parce qu'ils sont noirs, tout en suggérant qu'ils ne sont pas des lumières...

À mes yeux, cela traduit une duplicité : l'égalité promise par le concept « d'assimilation », prôné par le Z, n'est pas au rendez-vous. Officiellement, si vous travaillez, si vous vous adaptez à « la culture française », soyez les bienvenus, vous serez considérés comme des Français « comme les autres ». En réalité, si vous êtes noirs ou d'origine arabe, vous serez toujours vus par une partie des zemmouriens comme des êtres différents, « moins français ». Même si vous êtes d'honnêtes travailleurs officiant dans un parking. Et je ne suis même pas en train de parler de gens qui, se revendiquant comme des soutiens du Z, tirent sur des caricatures d'hommes juifs, noirs et arabes dans une forêt. Non, je parle d'une partie du mouvement politique censée être « clean », la partie mesurée, la partie officiellement issue d'une droite traditionnelle et conservatrice. Que des membres de cette mouvance, à tous les niveaux, soient clairement habités par des préjugés racistes, voilà qui pose de sérieuses questions sur les promesses de traitement égalitaire de tous les citoyens en cas d'arrivée au pouvoir d'Éric Zemmour.

De retour dans le véhicule, Sophie Calvel semble plus apaisée :

— Il m'a dit qu'il faisait son boulot, je lui ai dit que je ne lui reprochais rien.

Le parking VIP du parc des expositions est vide, ce qui laisse à Gilbert Payet l'embarras du choix. Il se gare, nous quittons son véhicule. Je guette la porte par laquelle nous allons pénétrer dans la salle. Il semble ne pas y avoir de contrôle d'identité. Dix mètres, cinq mètres, deux mètres, je ne vois toujours personne chargé de vérifier quoi que ce soit. Nous entrons. Personne ne nous demande le moindre papier. Je respire et me sens d'un coup très léger.

À l'intérieur du parc des expositions, je croise Nathan, en train de déposer sur les chaises des affiches « Zemmour président » et « Ben voyons », réplique culte du candidat. Je le préviens que je dois finir une mission avec Diane Ouvry et que je le rejoindrai après.

Je retrouve Diane Ouvry dans une salle réservée à l'organisation, nous achevons notre mission de mise sous pli des listes d'invités VIP. Je me mets alors à errer en quête d'Hilaire Bouyé, censé me dire où je suis affecté. Je retombe par hasard sur Nathan, qui m'explique que je n'ai qu'à venir au même stand que lui, en bas, sur la droite.

Sur place, nous rencontrons les autres militants qui vont tenir le stand avec nous. Une moitié d'entre eux viennent de Dijon et de ses alentours. L'occasion était trop belle : ils ont décidé de s'offrir une nuit d'hôtel pour assister à cet événement. Pendant que nous disposons sur les tables les produits destinés à la vente, je sympathise avec Auriane, une fille aux cheveux blonds impeccablement lisses, au style sobre, excepté un sac tape-à-l'œil barré d'un « KARL » doré. Cette ancienne LR de 27 ans, « végétarienne depuis cinq ans », me précise-t-elle, a connu de nombreuses désillusions politiques. En 2012, Auriane avait soutenu Nicolas Sarkozy. En 2017, François Fillon.

Aujourd'hui, son engagement pro-Zemmour lui attire des ennuis : il y a quelques semaines, son numéro de téléphone et son adresse ont été tagués sur les murs de Dijon.

Comme il nous manque une nappe pour recouvrir la dernière table, je propose de la tapisser avec les nouvelles affiches de campagne. Éric Zemmour y apparaît souriant, devant un fond vert et derrière le message « Impossible n'est pas français ». Ma collègue végétarienne valide : « Il fait plus rassembleur sur cette photo. » Nathan confirme : « Il avait une sale gueule sur le "Zemmour président" qu'on collait avant. » Ça y est, les tables sont couvertes de goodies. Casquettes « Ben voyons » et « Éric Zemmour 2022 », tasses « J'ai d'autres chiffres que vous » et « Faites Zemmour, pas la guerre », tee-shirts « Éric Zemmour 2022 » en gris et en bleu… Des goodies à 14,90 euros, sauf pour les tee-shirts *made in France*, dix euros plus chers que ceux fabriqués au Bangladesh.

Nathan et moi allons acheter un casse-croûte. Dans la queue, Nathan s'insurge contre le passage de son candidat dans le JT de TF1. « C'était nul, c'est vraiment une merde, Bouleau ! »

Nous regagnons nos postes de vendeurs, et, quelques minutes plus tard, sur la musique épique du péplum *Les Immortels*, Éric Zemmour apparaît dans la salle principale pour les derniers réglages avant l'ouverture du parc des expositions, à 13 heures. De nombreux militants quittent leur poste pour aller l'acclamer. Nous aussi. Le Z est suivi de près par Olivier Ubéda, véritable maître de cérémonie. Le candidat est rejoint sur scène par Sarah Knafo. Après une demi-heure d'essais, l'ancien journaliste regagne les coulisses.

En attendant le début du meeting, Nathan me raconte qu'il prévoit de passer le Capes[38] à la fin de sa première année de master d'histoire. Mais, comme il a déjà échoué au concours commun de Sciences Po à la sortie du bac, il doute de ses facultés. S'il réussit à ce concours, il compte travailler comme professeur dans le privé, pour pouvoir choisir le lieu de son affectation. L'étudiant de 22 ans aime tellement l'histoire de France que son fond d'écran est une peinture représentant Jeanne d'Arc.

Enfin, les portes du parc des expositions ouvrent, et le chef de notre stand nous demande

---

38. Certificat d'aptitude au professorat de l'enseignement du second degré.

de porter nos masques. « S'il y a beaucoup de cas, on va être accusés d'avoir mal géré le truc. Et attention à ce que vous dites, parce que les journalistes vont faire traîner des perches. » Comme la majorité des paiements se font par carte bancaire, difficile de savoir combien notre stand amasse, mais les clients défilent. Une femme vient même nous acheter plus de 120 euros d'objets dérivés, record de l'après-midi.

Nathan et moi nous promenons dans la salle pour éviter de mourir d'ennui. Dans ces instants de déambulation, je croise des membres des rédactions de Livre noir et de VA+ (la chaîne YouTube de *Valeurs actuelles*). La proximité de ces deux médias avec le mouvement n'est pas surprenante : Olivier Ubéda – le directeur des événements de la campagne, que Gilbert Payet citait dans la voiture comme l'une des têtes pensantes du mouvement – a été présenté à Éric Zemmour par Erik Tegnér[39], fondateur de Livre noir.

Vers 16 heures, des invités commencent à prendre la parole sur scène. Nous nous installons près de l'estrade, Nathan et moi, et écoutons parler Laurence Trochu (présidente du Mouvement

---

39. « Olivier Ubéda, le maître image d'Éric Zemmour », Ivanne Trippenbach et Franck Johannès, *Le Monde*, 5 décembre 2021.

conservateur, anciennement Sens commun), Jean-Frédéric Poisson (ancien député et candidat à la primaire de la droite en 2016), Vijay Monany (conseiller départemental LR de Seine-Saint-Denis), Jacline Mouraud (figure des Gilets jaunes), Paul-Marie Coûteaux (ex-député européen du Rassemblement national et ex-soutien de François Fillon)… et Stanislas Rigault, président de GenZ, visiblement mal à l'aise. Cet enchaînement de discours laisse Nathan bien dubitatif.

Enfin, une heure et demie après le début du meeting, Éric Zemmour apparaît dans une allée sous les hourras. Le candidat fend la foule en vainqueur. Poignées de mains, salutations, grands sourires. Tout y est. Mais la chaleur de la salle s'évanouit très vite : à une dizaine de mètres de l'estrade, un homme saute violemment au cou de Zemmour. Protégé par son équipe de sécurité, le candidat finit par rejoindre son pupitre, comme si de rien n'était. Un autre incident survient quelques dizaines de minutes après le début du discours du candidat : je repère une agitation au milieu de la foule. Nathan et moi ne comprenons pas ce qui arrive, et aucune information ne parvient jusqu'à nous. Comme l'orateur ne s'interrompt pas, nous en déduisons que ce n'est rien de bien grave.

Dans son costume de présidentiable, Éric Zemmour poursuit son discours. Il interagit même avec le public. À son « Moi, fasciste ? » répond un « Ben voyons ! » du public. L'orateur jubile : « Vous avez raison, ben voyons ! » Contrairement aux discours de Nantes et de Bordeaux, pas de notes, mais des prompteurs. Éric Zemmour porte des lunettes avec lesquelles on ne l'avait jamais vu. Du haut de son pupitre, le polémiste attaque l'actuel président de la République : « La personne, Emmanuel Macron, ne nous intéresse pas, parce qu'elle est fondamentalement inintéressante. Trouvez-moi un seul Français dans le pays qui puisse expliquer la pensée d'Emmanuel Macron. Il n'y en a aucun, pas même lui. Personne ne sait qui il est, parce qu'il n'est personne. » Nathan se tourne vers moi, ravi. Après la déception des premiers invités, le voilà satisfait : « Il est vraiment bon, ce soir ! »

Nathan et moi retournons ensuite au stand de goodies. En chemin, je reconnais Aurélien Verhassel, fondateur du bar identitaire lillois La Citadelle. Nous sommes vite assaillis de gens qui souhaitent adhérer au parti Reconquête, qu'Éric Zemmour vient tout juste de lancer en scandant : « Nous partons à la reconquête de notre pays pour le retrouver. Rejoignez-nous ! “Reconquête”, c'est le nom de ce mouvement que j'ai voulu fonder. »

Une fois le parc des expositions vide, nous remballons les invendus. C'est seulement à ce moment que, découvrant une vidéo sur un des groupes de discussion de GenZ, je comprends l'agitation perçue durant le meeting : des chaises et des coups de poing ont volé, l'espace d'un instant, contre des militants SOS Racisme venus faire un happening. Nathan se montre choqué, tout comme moi. Dans le RER du retour, nous ne parlons que de cet épisode. Nathan semble remonté contre les zemmouriens qui s'en sont pris aux militants de SOS Racisme : « C'est des tarés, ces types, ils ont donné des coups sur la tête. Un pote m'a dit qu'il y est allé pour aider une fille évanouie. »

CHAPITRE 29

QUI SONT LES ZOUAVES ?

6 décembre 2021, *StreetPress*.

Qui sont les Zouaves, le "groupuscule de combat" derrière le lynchage des militants de SOS Racisme ?
Pierre Plottu et Maxime Macé

« Les militants de SOS Racisme qui voulaient dénoncer le racisme d'Éric Zemmour ont été lynchés. Parmi les cogneurs identifiés, des membres d'une bande ultraviolente, dirigée par un garçon de bonne famille entraîné au combat : les Zouaves Paris.

[…] Sur l'une des vidéos tournées dans la salle, on peut voir leur leader, Marc de Cacqueray-Valménier, s'acharner sur des militants de SOS Racisme, tout en évitant de frapper les femmes. Un ultraviolent. À tout juste 23 ans, il est déjà un habitué des bagarres de rue et des agressions. Il est même parti prendre les armes à l'étranger fin 2020. C'était au Haut-Karabakh, région sécessionniste arménienne que dispute l'Azerbaïdjan voisin. Une quasi-guerre sainte selon la propagande d'extrême droite, qui y voit une nouvelle bataille entre l'Occident chrétien et "l'envahisseur" musulman.

Sur ses réseaux sociaux, pourtant soigneusement verrouillés, il avait diffusé une photo (révélée par *Libé*) de lui kalachnikov à la main, treillis sur le dos et patch "Totenkopf" (un symbole de la SS nazie) sur son gilet tactique. À l'époque, il tente même de recruter. "Dès que j'ai quelques jours de permission, je contacterai les autorités pour tenter de négocier la formation d'une brigade de volontaires étrangers", écrivait-il. Avant de signer du slogan nationaliste-révolutionnaire du GUD : "Europe, Jeunesse, Révolution !" Le jeune homme a le Troisième Reich dans la peau. Sur ses jambes bardées de tatouages, on distingue encore une Totenkopf ceinte des mots "Ehre" et "Treue". Une référence à la devise de la SS (encore elle) "Meine Ehre heisst Treue" : "Mon honneur s'appelle fidélité". […] »

CHAPITRE 30

SAINTE GENEVIÈVE

Place Sainte-Geneviève, dans le 5e arrondissement de Paris, j'attends Jean-Lucio. Je nous ai pris deux verres de vin chaud dans un chalet de marché de Noël. En ce 8 décembre frisquet, les gobelets réchauffent mes mains glacées. Mon téléphone sonne, je pose un verre et décroche : « Je suis dans la file d'attente de l'église, tu es où, toi ? » me demande le militant GZ. Je m'éloigne du chalet de vin chaud et le rejoins quelques mètres plus loin, dans la file. Jean-Lucio nous a pris deux tickets pour un spectacle vivant sur sainte Geneviève, sainte patronne de Paris et de la gendarmerie nationale, qui se déroule dans la paroisse Saint-Étienne-du-Mont. La première représentation est pleine, nous patientons donc jusqu'à la suivante.

Nos vins chauds terminés, nous nous réfugions dans un bar près de l'église et commandons des pintes. Alors que Jean-Lucio s'emballe sur la montée en puissance du Z lors du meeting de Villepinte, je lui fais remarquer que les débordements ont tout de même entaché le moment. « Mais, attends, on est d'accord que ça part des antifas ? » s'enquiert Jean-Lucio. Je lui réponds par la négative.

— C'est pas une provocation de venir comme ça au discours du Z ? poursuit-il. Même les LR progressistes, les pécressiens comme Gérard Larcher, ils ont dit que c'était de la provocation. Nous, on vient pas aux discours de Mélenchon !

— Les mecs en face, c'étaient les Zouaves, quand même.

— C'étaient les Zouaves ?

Jean-Lucio semble réellement surpris, lui qui considère les Zouaves comme « une milice privée de l'ordre fasciste ». Il reprend :

— Il y a aussi un groupe qui s'appelle Les Vilains Fachos. Un mec avec qui j'ai collé cinq ou six fois en fait partie. Lui, c'est un chaud. On est partis coller la dernière fois et il chantait des chants de la Wehrmacht.

Nous revenons devant l'église. Jean-Lucio me confie son souhait de devenir un jour un homme politique. Puis, pour la deuxième fois, il me propose de rejoindre l'équipe qu'il aimerait constituer pour se présenter aux prochaines municipales à Cavaillon. Je suis pris d'un sentiment de culpabilité envers lui en écoutant sa proposition. Sur les marches de l'église, à quelques secondes de la représentation, il me complimente : « Je te vois bien devenir conseiller, mon Vincent. »

Nous entrons dans Saint-Étienne-du-Mont, accueillis par une femme en costume du ve siècle. L'église a bien changé depuis la messe à laquelle j'ai assisté, dix jours plus tôt. Des rideaux structurent l'espace pour isoler chaque scène de ce spectacle. Un homme déguisé en curé nous raconte, depuis la chaire, l'histoire de sainte Geneviève, célèbre car elle aurait sauvé Paris de l'arrivée des Huns. En 451, Geneviève, à seulement 28 ans, aurait déclaré : « Que les hommes fuient, s'ils veulent, s'ils ne sont plus capables de se battre. Nous, les femmes, nous prierons Dieu tant et tant qu'Il entendra nos supplications. » Ses prières auraient sauvé Paris. « Le jour vint où, croyant la bataille perdue, Clovis eut peur et implora le ciel, narre le conteur. Geneviève fut exaucée, et Clovis baptisé à Reims au jour de Noël 496. »

Pièce suivante, des hommes et des femmes déguisés en Romains évoquent le siège qu'ils subissent. Pour le final, nous assistons, dans le chœur de l'église, au baptême de Clovis. Des centaines de bougies illuminent la scène. « On est habités par le roman national », me souffle Jean-Lucio. L'acteur qui incarne Clovis reçoit de l'eau sur la tête. Enfin, la France devient la fille aînée de l'Église.

En quittant le spectacle, nous regagnons le bar. Je remarque rapidement deux choses. La première, c'est que Jean-Lucio est ivre. La seconde, c'est que mon camarade cherche à montrer à tout le monde son amour pour le Z. À la terrasse du bar, il parle fort de notre militantisme, pose le briquet « Zemmour 2022 » en évidence sur la table et, alors que nous sortons du bar, il se met à hurler, devant le Panthéon, que nous serons les parrains de l'enfant de Sarah Knafo. Une fille d'une vingtaine d'années qui passe à côté de nous ne parvient pas à dissimuler sa gêne. Jean-Lucio continue :

— Notre engagement la heurte, je crois.

— Mais vous pensez ce que vous dites ? Sans déconner ? demande-t-elle en se tournant vers nous.

Infatigable, il reprend :
— J'estime que la nation doit être protégée à la fois dans l'héritage que nous avons reçu, mais également dans sa pérennité qui doit être aujourd'hui entreprise par des jeunes qui ont 20 ans comme nous.

La fille soupire et nous dit au revoir de la main.

CHAPITRE 31

COUP DE STRESS

Le lendemain, jeudi 9 décembre, j'assure une fois de plus la garde nocturne au QG. Et il y a de l'animation, parce que, ce soir, Éric Zemmour fait face à Bruno Le Maire sur le plateau de l'émission politique « Élysée 2022 », sur France 2. Quelques minutes après mon arrivée, un homme en costume m'ordonne d'ouvrir la grande porte en bois qui donne sur la rue Jean-Goujon. C'est la première fois qu'une telle demande m'est adressée. Consciencieux, je lui demande quel nom je dois noter dans le carnet de l'accueil. Comme une évidence, il me répond « C'est pour Monsieur Z et Madame », « Madame » désignant Sarah Knafo. Je note les noms, ouvre la petite porte du QG, puis la grande porte donnant sur la rue, et regarde passer le couple, sans doute en partance pour

France Télévisions. La porte d'entrée refermée, retour au bureau, sur lequel est posée une enveloppe pour le général Bertrand de La Chesnais, nommé, depuis peu, directeur de campagne.

Au moment du face-à-face avec le ministre de l'Économie, alors que j'occupe mon poste à l'accueil, j'entends des éclats de voix dans la cuisine. Je décide de monter réchauffer mon plat au micro-ondes pour aller voir ce qui s'y passe. Quatre personnes s'animent devant le débat entre Éric Zemmour et Bruno Le Maire : Johanna, deux inconnus et un homme que j'identifie comme étant David Attia. Ce brun fin au visage ovale faisait partie de la liste LR pour le 9e arrondissement de Paris lors des dernières municipales. L'ancien soutien de Rachida Dati a rallié Zemmour ; il est chargé de convaincre les LR tentés de franchir le Rubicon pour rejoindre Reconquête.

« Mais gueule plus fort, putain ! » hurle David Attia à son candidat, tel un supporter de foot coachant son équipe depuis sa chaise. Sur la télé fixée au mur, Bruno Le Maire essaie d'envoyer son adversaire du soir dans les cordes : « Le général de Gaulle avait lui-même dit qu'à 70 ans il n'avait pas l'âge de devenir dictateur. Je pense qu'à 63 ans vous avez toutes les prédispositions pour le devenir. » Réponse du principal intéressé : « Ben voyons ! » La réplique culte amuse Johanna, assise sur l'un des canapés de la cuisine. « Moi, j'oppose pas les Français, je dis aux Français que je privilégie les Français, poursuit Zemmour. Moins d'allocations pour les étrangers, plus d'argent pour les Français. » La petite assemblée de la cuisine applaudit.

À l'écran, Chahinaz, une musulmane de 21 ans, pose une question à Éric Zemmour. L'un des deux inconnus assis devant moi s'exclame : « Elle, elle devrait mettre le voile, avec sa tronche. » Tout le monde rit, puis Johanna réprimande son camarade d'un « Mais quel bâtard ! »

L'émission terminée, David Attia passe des appels téléphoniques depuis le QG jusqu'à une heure du matin. Une fois seul, je m'apprête enfin à aller me coucher. Alors qu'il reste encore plusieurs pièces illuminées, les ampoules cessent soudain de fonctionner. J'essaie de les rallumer. Aucun des interrupteurs ne fonctionne. J'allume le flash de mon téléphone, cherche à la cave un compteur électrique. Je finis par le trouver, mais, après quelques manipulations, j'ai l'impression qu'il ne rétablit pas grand-chose. Je me réfère aux directives données par Dimitri : en cas d'imprévu, il est la personne à contacter. Je l'appelle, mais n'obtiens aucune réponse. Je me rabats sur Albéric Dumont, chef de la sécurité. Là encore, ça sonne dans le vide.

Démuni, je vais me coucher, mais ne parviens pas à fermer l'œil : je commence à stresser. Si quelqu'un tente d'attaquer le QG, je suis absolument seul, puisque personne ne me répond au téléphone. Puis, dans un mélange d'angoisse et de cauchemar, je me mets à redouter que des militants découvrent que je suis un infiltré et m'accusent d'être à l'origine de la coupure électrique. La boule au ventre, je compte les moutons en attendant Dimitri, qui arrivera dans quelques heures pour préparer la venue d'une vingtaine de journalistes, conviés à un petit-déjeuner au QG.

Gilbert Payet est le premier à arriver le lendemain. Il trouve tout de suite le bon compteur électrique, qui était en fait à quelques mètres de mon matelas gonflable. Après quelques essais, il parvient à régler le problème, avec l'aide de Dimitri, arrivé entre-temps. Je sors un peu ahuri de cette nuit de garde : comment les deux personnes censées superviser la sécurité du QG de campagne peuvent-elles se montrer injoignables une nuit entière ?

CHAPITRE 32

LA FIN DES ZOUAVES

12 décembre, *Grand Jury,* RTL-LCI-*Le Figaro.*

« Invité RTL – [Le ministre de l'Intérieur, Gérald] Darmanin a "engagé" la procédure de dissolution contre le groupuscule d'ultradroite des "Zouaves[40]".

Le 5 décembre, lors du premier meeting de campagne d'Éric Zemmour à Villepinte, plusieurs militants de SOS Racisme avaient été agressés à coups de poing et de jets de chaises par des soutiens du polémiste.

"J'ai engagé la procédure de dissolution de ce groupement de fait que sont les Zouaves, qui est

40. La dissolution des Zouaves a été actée en Conseil des ministres le 5 janvier 2022.

un groupe de personnes qui vient soit du GUD, soit d'Action française, c'est-à-dire de mouvements d'ultradroite bien connus", a indiqué ce dimanche 12 décembre Gérald Darmanin au *Grand Jury* RTL-LCI-*Le Figaro*. »

CHAPITRE 33

LE PROBLÈME « RECONQUÊTE »

6-14 décembre, conversation sur la messagerie sécurisée Telegram, projet WikiZédia.

[Les militants de la cellule fantôme discutent d'un problème qu'ils n'arrivent pas à résoudre : comment faire accepter la création d'une page Wikipédia pour le tout nouveau parti zemmourien « Reconquête » ? Pour le moment, celui-ci ne remplit pas les critères nécessaires à la validation de la page. Parmi ces critères, le fait que le parti doive compter au moins un élu dans ses rangs.]

Antoine : Un autre combat s'annonce. [Ce militant publie une capture d'écran de la page « Reconquête (Parti politique) » avec la mention de Wikipédia « désolé cette page a été récemment supprimée… »]

KheyduQuébec : Je serais étonné que ça tienne. On parle du parti d'un homme étant haut dans les sondages et ayant une importante couverture médiatique.

Gabriel (alias « Cheep ») : Il y a des critères d'admissibilité spécifiques aux partis politiques. Je vous recherche ça. Mais en gros, il faut que le parti compte des parlementaires.

Antoine : Va falloir compter sur Joachim Son-Forget[41]…

Gabriel-Cheep : Exact, si vous avez un article qui indique qu'il a rejoint le parti, c'est bon.

[…]

Vincent Carayon (moi) : C'est quoi qui bloquerait, en termes d'admissibilité ?

Gabriel-Cheep : Pas d'élus nationaux, le critère d'admissibilité classique. Les gauchos jouent sur le fait que les articles de presse ne mentionnent pas l'adhésion de JSF [Joachim Son-Forget] au parti, parlant seulement d'un soutien au mouvement.

Vincent Carayon : Le journal *Le Temps* avait un article sur le soutien de JSF à Zemmour quand il était venu à Genève, je crois.

41. À cette date, Joachim Son-Forget est encore le seul parlementaire à avoir officiellement annoncé son soutien à Éric Zemmour. Il a été rejoint par Guillaume Peltier (ex-LR) le 9 janvier 2022.

Gabriel-Cheep : Aucun débat sur le soutien. Mais sur l'adhésion formelle au parti. [...]

Gabriel-Cheep : Bon, la fémino-gauchiste Pa2chant s'obstine à vouloir retirer la fonction de président de Reconquête à Zemmour ainsi que l'infobox du parti, au motif que celui-ci n'a pas d'existence légale... Je lui réponds que le parti reçoit des adhésions, a un site web, etc. Mais elle rétorque qu'il n'y a pas eu d'annonce au *Journal officiel*, ce qui me semble exact. Quelqu'un en sait plus sur le sujet ?

Stef (mention « propriétaire » du groupe de discussion) : Y a eu une annonce pour Les Amis d'Éric Zemmour. Je ne suis pas sûre qu'il y ait eu une annonce pour le changement de nom. [...]

Gabriel-Cheep : Exactement, elle joue là-dessus (pas de changement de nom).

Stef : Y a rien d'autre dans le *JO* [*Journal officiel*]. Peut-être que @SamuelLafont en saurait plus ? Est-ce que la décision du 31 mai 2021 (agrément des Amis d'Éric Zemmour en parti politique) a suffi à consacrer l'existence du parti Reconquête, ou est-ce qu'il faut une nouvelle procédure qui acte le changement de nom ?

[...]

Gabriel-Cheep : Bon, je ne sais plus quoi répondre à Malaria, si quelqu'un me donne de l'inspiration...

[Malaria est une contributrice de Wikipédia qui, dans la discussion ouverte sur la page « Reconquête (Parti politique) », s'oppose aux arguments des militants zemmouriens. Dans une capture d'écran de leurs échanges publiée dans la conversation WikiZédia, Malaria rétorque à Gabriel que les exemples de changement de nom qu'il cite (« LR » ex-« UMP » ou « LFI » ex-« Parti de gauche ») ne sont pas applicables au changement de nom du parti « Les Amis d'Éric Zemmour » en « Reconquête », car, selon Malaria, « les partis que vous évoquez ont pour différence d'avoir été créés par des personnalités existantes (ministres, parlementaires, etc.). Sans même remettre en question la popularité du sujet, rien ne permet d'être certain de la pérennité de ce mouvement. »]

[…]

Raphael Z : « Une formation qui n'a pas forcément vocation à perdurer », blabla. Je peux la mettre en PLS là-dessus. Avec des articles de journaux nationaux qui abordent les prochaines législatives et notamment le souhait du parti de récolter la majorité des voix au Parlement.

Gabriel-Cheep : Déjà mentionné. « C'est très hypothétique. »

Raphael Z : Envie de lui casser les reins. Qui a son adresse IP ?

Gabriel-Cheep : Je l'ai déjà fait bloquer deux fois, haha.

Raphael Z : Sérieusement, c'est frustrant. Malaria, elle porte bien son pseudo.

[...]

Gabriel-Cheep : Je pourrais rameuter des patriotes, mais un certain nombre est pro-Marine donc je tente pas.

Stef : Y a bien des admin qui peuvent trancher, non ?

Gabriel-Cheep : Non, les admin ne tranchent pas les conflits éditoriaux.

[...]

Gabriel-Cheep : Le Franco-Suisse [Joachim Son-Forget] est notre seul espoir. Il a encore Twitter ?

Stef : Non, il est *ban*, aux dernières nouvelles [le compte Twitter de Joachim Son-Forget a été supprimé après qu'il a changé son nom en « Donald Trump » lorsque le président des États-Unis a été banni de Twitter]. Y a que lui qui est assez fou pour faire une adhésion publique et nous sauver sur Wikipédia.

Gabriel-Cheep : Je vis à Paris. Je peux toujours demander à le rencontrer. [...] Je lui écris tout à l'heure sur Messenger, *let's see*. [...] J'ai une connaissance à l'Assemblée, également. Je vous tiens au courant (émoticône rire)

[...]

Samuel Lafont (mention « Grand Chef ») : Quel est le sujet exact, svp, pour le nom ?
Stef: C'est qu'officiellement, au *Journal officiel*, l'association qui est agréée, c'est Les Amis d'Éric Zemmour, pas Reconquête. Pour être accepté sur Wikipédia, il faut soit avoir un statut déposé officiellement au *JO* soit avoir des parlementaires.
[…]
Samuel Lafont: Très clair, je regarde et je vous dis.

*

Le lendemain, 14 décembre, Gabriel nous envoie un lien vers une publication au *Journal officiel* (qui était antérieure) : l'association « Les Amis d'Éric Zemmour » a officiellement changé de nom pour « Reconquête ». Mais, précise Gabriel, « le parti reste toujours théoriquement hors critères » pour obtenir une page Wikipédia.

CHAPITRE 34

LE POLICIER ZEMMOURIEN

« Désolé pour le retard ! » Dans le pub où nous nous sommes donné rendez-vous, ce mercredi 15 décembre, Thibaut s'assied sur la chaise en face de moi. D'emblée, je le questionne : « Tu vas vraiment assurer la permanence du QG le soir du 24 décembre ? » La veille, Dimitri a publié un message sur notre boucle Telegram. Le brun tatoué s'est proposé quelques minutes plus tard. « J'étais sur mon tél au moment où il a posé la question, se justifie Thibaut. Et vu que le 25 et le 26 je travaille, j'avais pas prévu de voir mes parents. »

Thibaut a même proposé à ses parents de passer le réveillon avec lui, dans le centre névralgique de la campagne de la rue Jean-Goujon. Son père, policier lui aussi, aime bien Éric Zemmour.

Mais ses parents ont préféré décliner. D'après le père de Thibaut, avant, les gens avaient peur de la police. Aujourd'hui, la peur aurait changé de camp.

Thibaut sait déjà ce qu'il fera de sa soirée: jouer à la PS4, et plus précisément à UFC 4, l'un de ses jeux préférés. Le policier de 23 ans a pratiqué le pancrace, un art martial longtemps interdit en France, proche du MMA. « Si je me chicane avec un type dans la rue, j'espère pour lui qu'il tape vite et fort », déclare fièrement Thibaut, qui ajoute tout de même ne pas aimer se battre. Même si, une fois, lorsque quelqu'un a essayé de lui voler son téléphone sur le quai d'une gare, il me raconte lui avoir « arraché la gueule ».

« Et le boulot? » finit par me demander Thibaut. Je regarde le plafond en bafouillant que ça se passe bien, mais que je m'ennuie un peu dans mon service de relations presse. Nous passons à un autre sujet, nos permanences de nuit. Je lui fais part de ma surprise d'avoir constaté que, certains soirs, le bureau du grand chef restait ouvert. Thibaut se dit choqué, mais estime que, de toute façon, la porte n'est pas grosse et qu'« il suffit de mettre un coup de pied dedans » pour l'ouvrir. Vu sous cet angle, le fait que le bureau soit fermé ou pas n'a plus aucune importance.

Le niveau de sécurité global le consterne tout autant que moi. Il a aussi relevé l'absence d'enquête de routine au sujet des personnes qui, comme lui et moi, assurent la garde du QG. Le policier y voit un paradoxe : « Un mec comme le Z, je comprends pas pourquoi il économise sur la sécurité. » En parlant de sécurité, je lui demande de me raconter comment s'est passée celle du meeting de Villepinte, car Thibaut faisait partie de l'équipe sécu. « Dimitri m'avait proposé de lui filer un coup de main et de le seconder. Samedi matin, la veille du meeting, je lui ai dit que j'acceptais. » Le policier a mis du temps à se décider, par peur des conséquences que ce poste pourrait avoir sur sa carrière. « Mes collègues, s'ils me voient, c'est pas grave, ils sont tous du côté du Z, s'enthousiasme-t-il. Mais, en même temps, il y a le devoir de réserve, et c'est flou. »

La présence des Zouaves au meeting le révolte moins que l'interpellation de Marc de Cacqueray-Valménier, leur chef : « Ils n'ont rien contre lui. La Brigade de recherche et d'intervention est allée le chercher chez lui ! C'est de la police politique ! Ils n'ont aucune preuve, il était masqué. » Thibaut me raconte avoir croisé Marc de Cacqueray-Valménier à plusieurs reprises lors du meeting avant les violences contre SOS Racisme. Je m'étonne : si des membres de la sécurité comme lui savaient que les Zouaves étaient dans la salle, il n'aurait pas mieux valu leur indiquer la sortie avant que ça dégénère ? « Je pars du principe que ces types sont de notre côté. Certains étaient là pour se friter avec de l'antifa, mais j'estime que, même si c'était démesuré, ils nous ont donné un coup de main pour nous aider à les sortir. Certains ont frappé, certains nous ont aidés. »

Sur cette histoire, Thibaut est raccord avec la ligne suivie par le service sécurité de la campagne d'Éric Zemmour. Des images publiées par le *Huffington Post* et BFM TV montrent deux membres de l'équipe de campagne féliciter les Zouaves juste après les violences commises contre les militants de SOS Racisme : « Merci d'être venus » ; « Merci d'être là ! » ; « Ça fait plaisir de voir qu'on peut compter sur vous » ; « Sans vous, ça aurait été compliqué ! Vous avez fait le job ! Maintenant, il y a les gendarmes, merci d'être là ! Retournez au meeting ! Passez une bonne soirée ! » lance un premier homme. À la fin de ces remerciements, Albéric Dumont, responsable du pôle sécurité de la campagne d'Éric Zemmour[42], adresse un pouce levé aux Zouaves. Albéric Dumont, c'est cet homme que j'ai tenté d'appeler en vain l'autre soir, lors de la coupure d'électricité au QG. Il est connu pour avoir été le porte-parole de La Manif pour tous, en 2013. Il a ensuite créé une entreprise de sécurité privée, Ultreïa (le cri de ralliement des pèlerins de Saint-Jacques de Compostelle, qui signifie : « Aide-nous, Dieu, à aller toujours plus loin et toujours plus haut ! »). Ultreïa assure la sécurité d'églises, d'écoles, et donc, depuis septembre 2021, de la campagne d'Éric Zemmour.

Thibaut précise être intervenu au beau milieu de la bataille livrée par les Zouaves contre les militants de SOS Racisme pour séparer les uns et les autres. Pour ne pas être reconnu, il avait mis sa capuche et son masque. Un collègue policier l'a tout de même démasqué, tant pis. Il conclut : « Ils ont eu ce qu'ils voulaient, SOS Racisme, ça a fait de belles images. »

Nous discutons ensuite de l'agression d'Éric Zemmour lors du meeting. Comme l'auteur du geste violent venait d'adhérer aux Républicains, je manifeste ma surprise de voir un sympathisant

---

42. Information révélée dans l'article « L'équipe de campagne d'Éric Zemmour : le listing secret », Lucie Delaporte et Marine Turchi, *Mediapart*, 20 octobre 2021.

de droite attaquer Zemmour. « La “droite”, c’est relatif quand on parle des Républicains », me coupe Thibaut. Il n’est pas le premier GZ à me dire que le parti fondé par Nicolas Sarkozy n’est pas de droite.

Le policier semble ravi de la prestation d’Éric Zemmour à Villepinte. Il est d’autant plus satisfait que ce dernier a fait part de son opposition au passe sanitaire, quelques jours après le meeting, lors de son passage sur France 2. Un point essentiel pour le militant : « Demain, Zemmour, il commence à dire “ouais, le passe sanitaire, c’est bon”, je me retire. Pour moi, c’est le mal de notre époque. Je suis vacciné : j’ai hésité, et puis mes parents m’ont dit “c’est pas à toi de faire la révolution, t’as 23 ans”. Et comme les gendarmes sont obligés de le faire, je me suis dit que je devais prendre les devants. »

Thibaut m’apparaît comme un ovni politique. Alors qu’Éric Zemmour rejette la lutte des classes[43], mon interlocuteur du soir y croit dur comme fer. Il regrette d’ailleurs que son candidat

---

43. « Je ne suis pas dans une logique de lutte des classes. Je pense au contraire qu’il faut réconcilier et rassembler les classes autour d’un intérêt, celui de la France et de l’économie française », a déclaré Éric Zemmour le 16 décembre 2021 dans l’émission *Face à Baba* sur C8.

ne s'adresse pas aux prolétaires. Son parcours religieux est lui aussi singulier. Sa famille étant agnostique, il était non croyant. À 17 ans, il perd sa grand-mère d'origine portugaise. Lors de l'enterrement, Thibaut est chargé de lire un texte. Il se dit alors « touché par la foi ». Comme Jean-Lucio, il envisage de se faire baptiser un jour ou l'autre, quand il aura le temps et qu'il aura mis « de l'ordre dans sa vie ».

En 2017, Thibaut a voté Marine Le Pen par défaut. Cette fois, il votera Zemmour par conviction. D'autant que, pendant des années, les frasques télévisées du polémiste l'ont beaucoup amusé. « Le premier truc auquel j'ai pensé quand j'ai commencé à me dire qu'il pouvait être candidat, c'est à Trump. Il a mis un coup de pied dans la fourmilière ! » Afin d'aider le Z à faire de même, Thibaut s'est mué en militant pour la première fois de sa vie en rejoignant GenZ à l'été 2021. En revanche, il craint une chose : que le vote électronique soit adopté et que, comme il le soupçonne pour la dernière présidentielle américaine, les résultats soient trafiqués.

Thibaut sait qu'il relaie des théories taxées de complotisme, surtout en matière de crise sanitaire. « Les médias disent "oui, t'es complotiste", reconnaît-il. Pas de soucis, les gars, vous verrez d'ici quelque temps, quand on nous balancera le passeport d'identité numérique, les caméras à Londres qui reconnaissent la gueule comme en Chine, le crédit social, comme en Chine. On n'est pas loin de *Black Mirror*, mais les gens ne s'en rendent pas compte. »

Le policier est sûr de lui : les masques ne protègent pas du virus, car ce dernier peut passer sur les côtés. Tout ça serait fait pour nous rendre plus dociles. La preuve ? Thibaut cite la charte de Biderman, un tableau qui répertorie huit principes de torture psychologique pour soumettre un individu. Il énonce ces principes en lisant la page Wikipédia de cette charte sur son téléphone : « Isoler la victime, monopoliser la perception, induire l'épuisement, présenter des menaces, montrer des indulgences occasionnelles, démontrer la toute-puissance du pouvoir, dégrader la victime, exiger des actions stupides et insensées. » Il pose son téléphone sur la table et lève la tête vers moi : « Ça ne te rappelle rien ? »

CHAPITRE 35

RACISME, NOM MASCULIN

Le 16 décembre, Éric Zemmour est l'invité de l'émission *Face à Baba,* animée par Cyril Hanouna, sur C8 (chaîne appartenant au groupe du milliardaire Vincent Bolloré, ex-employeur et proche du Z). L'émission atteint une audience record : 2,2 millions de téléspectateurs. La vidéo du replay, postée sur la chaîne YouTube d'Éric Zemmour, cumule 4,4 millions de vues en trois semaines.

Cyril Hanouna : Quand on veut être président, Éric Zemmour, on est président de tous les Français. Je vois certaines déclarations… Est-ce que vous vous rendez compte qu'il y a certains musulmans qui se sentent blessés par ce que vous dites, qui aujourd'hui ont peur d'envoyer leurs enfants à l'école, qui ont peur de mettre une émission et de se retrouver face à des propos qui peuvent les blesser ? […] Vous qui voulez être le président de la France, comment pouvez-vous dire « je vais me passer de toute une partie de la France » ?

Éric Zemmour : D'abord, je ne tiens pas du tout à me passer d'une partie de la France. […] Vous savez, moi, on me blesse aussi, et je ne dis rien.

Cyril Hanouna : Oui, mais, Éric Zemmour, on vous blesse, mais c'est par rapport aux propos que vous avez. Donc, forcément, c'est un juste retour des choses.

Éric Zemmour : Vous savez, il ne faut pas non plus exagérer, moi, je suis dans le verbe. […] Je ne tue personne. Je n'exécute pas un prof parce qu'il a montré des caricatures d'Allah.

Cyril Hanouna : Vous vous rendez compte de l'amalgame que vous faites ?

Éric Zemmour : Je ne fais aucun amalgame. Vous me dites « il y a des gens qui sont blessés ». Moi, je suis blessé tous les jours par l'état de la France.

Cyril Hanouna : Est-ce que dans vos équipes vous avez des musulmans ?

Éric Zemmour : Bien sûr.

Cyril Hanouna : Alors, ils travaillent très bien, non ?

Éric Zemmour : Très bien !

[…]

Cyril Hanouna : Ils sont heureux de travailler avec vous ?

Éric Zemmour : Mais ils sont très heureux d'être avec moi, et ils pensent comme moi. Moi, vous savez, je n'ai rien contre les musulmans. Je pense que l'islam est une religion totalitaire, y compris pour les musulmans. Et donc, je dis aux musulmans : « Assimilez-vous ! » Je ne dis pas « Intégrez-vous ! » L'intégration, c'est uniquement l'économie. [...]

Cyril Hanouna : Quand on vous dit que vous êtes raciste, vous, vous dites quoi ?

Éric Zemmour : C'est idiot.

Cyril Hanouna : Aujourd'hui, dans la tête des gens, vous êtes à la droite de Marine Le Pen. [...]

Éric Zemmour : Pour le racisme... Qu'est-ce que le racisme ? C'est considérer qu'il y a des races. [...] Et que l'on distingue selon la race, on fait que chaque race est différente, et il y a une supériorité d'une race par rapport à une autre, parce qu'on appartient à une certaine race. C'est ça, le racisme. Et ça veut dire qu'on ne peut être français que si on descend de Clovis. Moi, je ne peux pas... Si vous voulez, c'est pas possible. [...] Le problème... Je vais vous dire pourquoi on me traite de raciste. Parce qu'il y a eu un dévoiement du terme de « racisme ». Un raciste, c'est celui qui mesure les crânes, hein, on est en 1942. Je ne fais pas ça. Aujourd'hui, on traite de « raciste » quelqu'un qui veut défendre son identité, son mode de vie, sa civilisation. Et ça, ce n'est pas être raciste. C'est vouloir défendre son pays, sa patrie et sa civilisation. Contre des gens qui ne veulent pas reconnaître… qui veulent imposer une autre civilisation, d'autres mœurs et d'autres modes de vie. Je suis désolé, ce n'est pas du racisme. Et moi, je suis donc tout sauf raciste. Et, dernier point, qu'est-ce que l'assimilation ? L'assimilation, ça veut dire : on peut être français en venant de n'importe où au monde, si on ressemble aux Français. C'est-à-dire si on s'approprie leur culture, leur mode de vie, leur histoire…

Cyril Hanouna : La plupart des musulmans que vous stigmatisez, ils s'approprient…

Éric Zemmour : Pardonnez-moi, l'assimilation, ça veut dire ce que ça veut dire. Faire sienne l'histoire de France. Faire siennes les mœurs françaises. Il y a effectivement des musulmans assimilés, et ceux-là sont mes compatriotes, je l'ai dit à Villepinte.

Cyril Hanouna : Mais la plupart…

Éric Zemmour : Je ne dirais pas ça. Vous savez, quand vous avez un sondage récent, de l'Ifop, qui donne 65 % parmi les jeunes musulmans – je dis bien 65 % – qui considèrent que les lois islamiques sont supérieures aux lois de la République, je n'appelle pas ça « assimilés ». Et je n'appelle pas ça « la plupart ». Quand – vous avez certainement lu comme moi, dans ce sondage – quand, dans les lycées, il y a des tables réservées aux musulmans, quand il y a des toilettes réservées aux musulmans, quand il y a des robinets réservés aux musulmans, je n'appelle pas ça « de l'assimilation ». Ce n'est pas devenir français. Ça, c'est, au contraire, d'abord du séparatisme, puis de la conquête, c'est tout ce que je dis. Maintenant, les musulmans qui ne sont pas comme ça, et vous avez raison…

Cyril Hanouna : Ce sont des cas particuliers…

Éric Zemmour : Non, ce ne sont pas des cas particuliers.

Cyril Hanouna : Si.

Éric Zemmour : Non, non. Quand on a 65 %, ce ne sont pas des cas particuliers.

Cyril Hanouna : Non, mais ce sondage, on en a parlé la semaine dernière…

Éric Zemmour : Bon OK, ce sondage est mauvais, quand ça arrange pas, il est mauvais.

[…]

*

> Dictionnaire Larousse – définition du mot « racisme », nom masculin :
> 1. Idéologie fondée sur la croyance qu'il existe une hiérarchie entre les groupes humains, autrefois appelés « races » ; comportement inspiré par cette idéologie.
> 2. Attitude d'hostilité systématique à l'égard d'une catégorie déterminée de personnes : *Le racisme anti-jeunes.*

*

Le 6 janvier 2022, *Le Monde* publie un article d'Anne Chemin intitulé « Derrière le débat sur le "wokisme", les trois mutations du racisme ». Extraits :

> « Depuis le XVIIIe siècle, le racisme français a ainsi, selon [l'historien des idées] Pierre-André Taguieff, affiché deux visages : le racisme "biologique et inégalitaire" de l'esclavage et de la colonisation, qui postulait l'existence d'une hiérarchie irréductible entre les races, et le "néoracisme différentialiste et culturel" de l'après-guerre, qui fait de certaines communautés, non pas des races inférieures, mais des groupes inassimilables. Depuis les années 2000, beaucoup y ajoutent un troisième :

le racisme "systémique" engendré, jour après jour, par le fonctionnement routinier et discriminatoire des institutions.

[...]

Malgré les déclarations de principe des instances internationales des années 1950, le racisme continue en effet à prospérer, mais le climat de l'après-guerre l'oblige à changer de visage. Au lieu de distinguer et de hiérarchiser les races humaines, comme il le faisait pendant l'esclavage et la colonisation, le racisme, selon Pierre-André Taguieff, adopte dans la seconde moitié du XXe siècle une tonalité "culturelle et différentialiste" : il célèbre désormais le culte des identités particulières. "Le néoracisme met en avant des différences irréductibles fondées, non plus sur la biologie, mais sur les mœurs", constate [l'historien] Emmanuel Debono. »

CHAPITRE 36

« PASSER DE LA NUIT AU JOUR »

Le 17 décembre, Samuel Lafont intervient en direct sur la messagerie Discord de Génération Z. La discussion s'intitule « Conférence sur la mobilisation ». Le directeur de la stratégie numérique d'Éric Zemmour parle durant trois quarts d'heure, puis répond à quelques questions de militants. Cette conférence a été enregistrée par un militant et publiée sur YouTube, mais la vidéo a très vite été basculée en un lien privé. J'ai pu la sauvegarder pendant sa courte existence (environ quarante-huit heures) en accès libre.

Dès le début, Samuel Lafont se montre méfiant. À plusieurs reprises, il affirme qu'il est possible que la conférence soit infiltrée par des policiers ou des journalistes : « Il y a des détails dans lesquels je ne vais pas rentrer, parce qu'il y a toujours malheureusement la possibilité d'avoir des journalistes parmi nous, ou des taupes, et vous comprendrez qu'il y a des éléments stratégiques que je ne peux pas dire. » En dépit de ces précautions, la conférence s'avère très intéressante. Elle permet de saisir l'ampleur des stratégies mises en place sur Internet et d'entrevoir la personnalité d'un jeune homme en croisade, convaincu de la victoire future de son candidat. Une victoire qui sera due, selon ses dires, à « la machine de guerre incroyable » qu'il a mise en place.

« La mission, précise Samuel Lafont de son débit de mitraillette, c'est de faire en sorte qu'un maximum de Français votent pour Éric Zemmour au premier puis au second tour de l'élection présidentielle : 50 % des voix plus une, pour qu'Éric Zemmour soit élu. C'est tout. Il n'y a pas d'autre objectif. » Et, précise-t-il plus tard, « si on est bons, ce qu'on fait aujourd'hui, ce sera dans les livres d'histoire de nos petits-enfants ».

Pour accomplir cet objectif, il faut rester « les meilleurs ». Ça tombe bien, se réjouit Samuel Lafont, « les autres ont pris beaucoup de retard », il s'agit désormais d'améliorer cette avance sans jamais se relâcher. « Pour moi, on a un compte à rebours [...]. Chaque jour qui passe, on essaye de faire le plus possible, d'accomplir de nouvelles tactiques. »

« L'autonomie et la créativité » sont encouragées afin d'augmenter l'impression de massivité et de diversité des soutiens. Il y a ainsi eu un clip de rap avec Zemmour, la cryptomonnaie « Z coin », l'utilisation de mangas ultra-populaires comme *One Piece*, de vieux films, de gifs, de mèmes et de toutes sortes de détournements permettant de créer de la visibilité. « Visibilité », le maître-mot de la propagande en ligne.

« Le camp Zemmour est celui qui a le plus d'engagement et d'interactions, c'est un fait, se congratule Lafont. On a été largement devant La France insoumise sur Internet, c'est pour dire à quel point on est forts. » Il rappelle que, sans le numérique, jamais il n'y aurait eu 60 000 adhésions (chiffre communiqué par les équipes Zemmour) en une semaine au mouvement Reconquête. Idem pour les 3 millions de vues de la vidéo d'annonce de candidature. Autre avantage du numérique : cela permet d'obtenir des financements. « Il y a les grands candidats qui font des campagnes à 10 ou 12 millions, précise le directeur de la stratégie numérique d'Éric Zemmour, et des campagnes à 2 millions.

Ceux qui arrivent au second tour font toujours des campagnes à 10 millions. […] Le numérique, ça a permis aux Français qui voulaient donner – et soutenir l'action d'Éric Zemmour – de donner. »

En ce qui concerne la stratégie numérique émanant plus directement de ses équipes, Samuel Lafont énumère les traductions des propos de Zemmour en plusieurs langues et les citations publiées en direct sur les réseaux sociaux lors de chacune de ses interventions médiatiques. Il revient aussi sur la gestion et la création de sites internet. À ce sujet, dès la mi-octobre 2021, une enquête du *Monde*[44] révélait déjà que les équipes numériques d'Éric Zemmour avaient enregistré une trentaine de noms de sites : Stopcensure.fr, Lesagriculteurs-aveczemmour.fr, Lesmairesaveczemmour.fr, Lesprofsaveczemmour.fr, Lesavocatsaveczemmour.fr, Jeunes-lr-avec-zemmour.fr, Gilets-jaunes-avec-zemmour.fr… Cette même enquête signalait que ce genre d'opération avait une finalité extrêmement précieuse : collecter des adresses mail de sympathisants, via

44. « Sur Internet, les proches d'Éric Zemmour ont déjà lancé sa campagne », Martin Untersinger, *Le Monde*, 15 octobre 2021.

la myriade de sites internet créés avec le nom du candidat : « C'est le cas de Jesoutienszemmour.fr, qui propose depuis début août de signer une pétition contre la "censure" dont ferait l'objet le polémiste et qui a, depuis, permis de recueillir plus de 74 000 signatures. » Une collecte de mails de sympathisants qui a servi au moment de solliciter les adhésions à Reconquête.

Samuel Lafont revient aussi sur les tribunes du Z publiées chaque semaine sur différents sujets dans une poignée de médias bienveillants (le plus souvent *Valeurs actuelles, Le Figaro, L'Opinion* ou *Le Point*), les comptes officiels – et ceux dits « de soutien » – sur les réseaux sociaux (notamment Instagram, TikTok, Facebook et Twitter) qui explosent, le volet Wikipédia (Samuel Lafont l'évoque rapidement, sans préciser qu'il patronne une cellule fantôme consacrée à ce dossier : « Chacun s'approprie Éric Zemmour, ceux qui voulaient aller sur Wikipédia sont allés sur Wikipédia »), ou encore l'emailing (son « trésor de guerre » de centaines de milliers d'adresses mail récoltées au fil de ses années de militantisme en ligne).

Pour lui, l'emailing permet aussi d'être autonome en cas de censure. Sur cette question de la censure, il rappelle une chose : « A priori, on n'a pas de risques de censure sur les comptes certifiés d'Éric Zemmour. Tous les contenus correspondent aux différentes chartes sur ces plateformes. »

Pour autant, mieux vaut être prévoyant. Après tout, Donald Trump a lui-même été suspendu alors qu'il était encore le président des États-Unis en exercice. D'autant que la stratégie zemmourienne passe par une « rupture » sur des sujets susceptibles d'enfreindre les chartes : racisme, antisémitisme, orientation sexuelle des personnes… « Si Facebook, Instagram, YouTube, Twitter sautaient en même temps, précise Samuel Lafont auprès des militants de GenZ, on aurait de quoi parler aux Français directement, notamment grâce aux emails et au maillage territorial […]. On pourrait se faire censurer, ce serait évidemment désagréable, évidemment on perdrait de la force de frappe, évidemment on perdrait des militants, de la visibilité, des dons, des adhésions, mais maintenant, même si on était censurés, on pourrait rouler jusqu'à l'élection sans problèmes. »

Lafont révèle aussi la stratégie de la fin de campagne. Dans les toutes dernières semaines, annonce-t-il, il faudra faire du tractage et du porte-à-porte, « deux choses qui marchent pour faire des voix ». « Le collage, c'est fait pour souder les équipes et impressionner, on le fait encore, car c'est important pour mettre les nouveaux dans l'action. Mais ce qui va permettre de toucher les Français, c'est de passer de la nuit au jour… Le porte-à-porte, ça transforme des électeurs potentiels en électeurs, c'est fondamental. » Je me souviens que Mathieu, le militant avec qui je suis allé à Bordeaux, m'avait montré des quartiers qui seraient ciblés par le porte-à-porte en fonction des tendances électorales qu'il avait identifiées pour l'équipe de campagne. De même, Johanna Humphrey, fournisseuse officielle de stickers et d'affiches à l'effigie d'Éric Zemmour, avait confié devant moi : « Quand la campagne sera bien avancée, on demandera aux gens s'ils sont dispos. Il y aura les marchés, les "boîtages" [distributions en boîtes aux lettres], le porte-à-porte. […] On travaille stratégiquement, on a les listes électorales avec les résultats des bureaux de vote. On sait où aller pour toucher un public qu'on intéresse. »

Samuel Lafont tient à préciser un point : « Il y a beaucoup de gens qui ne vont pas comprendre ce qu'on fait, ce que vous faites. Ils vont se poser des questions […] : "Comment ils font ? Ils ont des robots ? C'est quoi, les techniques secrètes ?", etc. Moi, je vais vous dire les techniques secrètes, il y en a trois. La première, vous êtes très nombreux. La deuxième, vous êtes très engagés, [...] tournés vers l'action. Et, troisième point, il y a beaucoup de personnes compétentes. »

Puis, jouant son rôle de pilote de la stratégie numérique jusqu'au bout, il prophétise que, pour les derniers mois de la campagne, « c'est Facebook qui va faire la différence ». « La majorité des Français sont sur Internet, et énormément de Français sont sur Facebook. [...] On a besoin d'énormément de gens pour Facebook. Ça prend du temps, besoin de créativité... assez systématique pour une partie des actions qu'on va devoir mener... On va être présents sur les groupes, c'est là qu'on va toucher les Français. » L'idée est de « faire aimer Éric Zemmour par des gens qui ne le connaissent pas encore ». Comment ? Il ne le précise pas, mais invite les militants à contacter « Tom ou Éléonore » pour en savoir plus. Pourquoi tant de mystères ? Je note les deux prénoms (que j'ai déjà vus passer dans différentes discussions GenZ), car Tom et Éléonore sont probablement deux nouvelles portes d'accès à ces actions à venir sur Facebook. Je dois tenter d'en savoir plus.

Pendant sa conférence en ligne, Samuel Lafont décrit l'une de ses tactiques employées durant la campagne de François Fillon pour créer du buzz négatif sur l'adversaire, en se servant notamment de pages Facebook. Peut-être donne-t-il une piste pour les futures actions en faveur de son nouveau candidat ?

« On a pu faire quelques coups, notamment (...) on avait sorti une campagne "Emmanuel Hollande", qui avait été reprise dans les médias, pour dire, en gros, qu'Emmanuel Macron était le continuateur de François Hollande. Et en fait, de mémoire, on l'avait sorti en une heure, juste après que... je sais plus si c'est [Bruno] Retailleau ou [Éric] Ciotti, enfin quelqu'un l'avait sorti dans un média, et derrière, on a créé la page Facebook et le compte Twitter. On a commencé à faire circuler, on avait eu plusieurs reprises médias et ça avait buzzé pendant quelques jours. Ce qui est intéressant, encore une fois : efficacité, coût financier, disons, zéro ; ça n'a rien coûté de créer les comptes, ça nous a pris un peu de temps, on faisait ça à deux [...]. Je vais pas développer là-dessus, mais la réactivité, ça fait toute la différence, et c'est ce qui est souvent minimisé par les mouvements politiques. »

Une semaine après cette conférence, Clément Agostini, militant La France insoumise, s'est étonné publiquement sur Twitter du sponsoring, sur Facebook, de plusieurs pubs pour le parti d'Éric Zemmour. Six campagnes ont été sponsorisées. Or, d'après l'article L. 52-1 du Code électoral, « l'utilisation à des fins de propagande électorale de tout procédé de publicité commerciale par la voie de la presse ou par tout moyen de communication audiovisuelle est interdite ». Le risque ? Selon certains avocats spécialistes interrogés dans la presse, ce genre de pratique pourrait conduire à un non-remboursement de la campagne électorale par la Commission nationale des comptes de campagne. Facebook a retiré ces publicités.

À la fin de sa conférence, une des questions posées à Samuel Lafont émane d'un certain « Snafu ». Elle concerne, dixit ce militant sous pseudo, « l'*inbound* marketing qui a servi à la victoire de Trump ». Que signifie ce terme barbare ? « L'*inbound* marketing », si l'on traduit littéralement, désigne le « marketing entrant ». Il s'agit de différentes méthodes pour générer de l'attention autour d'une personne ou d'une marque, à moindre coût. L'idée, c'est que les gens viennent à vous au lieu que vous alliez les chercher. En résumé, grâce à une idée ingénieuse, les personnes que vous ciblez font votre publicité auprès d'autres personnes. Gratuitement, et donc de façon extrêmement efficace. Exemple d'*inbound* marketing réussi : la chaîne de cafés Starbucks a eu l'idée d'inscrire le nom des consommateurs sur leur gobelet, ce qui a dopé sa communauté, car nombre de consommateurs se sont mis à partager sur leurs réseaux sociaux des photos de « leur » gobelet Starbucks.

Snafu demande donc l'avis de Samuel Lafont au sujet de l'*inbound* marketing. Réponse de l'intéressé : « Oui, il y a plusieurs techniques là-dedans. Pour tout vous dire, il y a quelqu'un qui m'en a parlé, il y a quelques mois. En sachant qu'il y a des choses qu'on fait, et ce n'est pas parce qu'on n'en parle pas publiquement qu'on ne les fait pas. Ça, faut vraiment avoir ça à l'esprit. »

Des choses « qu'on fait », mais dont « on [ne] parle pas publiquement ». Je garde ça à l'esprit.

CHAPITRE 37

LE Z CONDAMNE... LES ULTRAS

Jusque-là, Éric Zemmour n'avait jamais désapprouvé publiquement un de ses soutiens. Ni ceux tirant avec des pistolets dans une forêt sur des caricatures d'hommes juifs, noirs et arabes. Ni les Zouaves (dont le leader arbore un tatouage néonazi), qui ont violenté les militants de SOS Racisme à Villepinte et ont été remerciés sur place par plusieurs membres de la sécurité. Cette fois, de jeunes hommes – soutiens revendiqués du Z – se sont filmés en s'entraînant au tir. Ils s'imaginent notamment prendre pour cible Emmanuel Macron, les élus de La France insoumise Alexis Corbière et Raquel Garrido, ainsi que des antifas, des Algériens et des Marocains. Dans deux vidéos révélées par *Mediapart*[45], on les entend notamment dire, juste avant de tirer sur des cibles : « Ben voyons, les amis, on va éclater qui, là ? Du jeune gaucho, du jeune communiste, du jeune bougnoule mental ? »

Le 22 décembre, Éric Zemmour a, pour la première fois, publié un communiqué sur ceux qu'il appelle « des ultras ». « L'idée d'exercer une police de la pensée chez mes soutiens m'est complètement étrangère », déclare-t-il, sous-entendant qu'il se prononce uniquement sur la violence et non pas sur l'idéologie de ces personnes. « Vous connaissez les hooligans au football ? Ils ne vont pas au stade pour la beauté du jeu, mais pour la violence. Et plus leur violence est médiatisée, plus ils sont heureux. »

« […] Vous ne faites partie ni de mes sympathisants, ni de mes militants, et encore moins de mes amis. Je condamne par avance tout ce que vous ferez en mon nom pendant ma campagne. Je ne veux ni de votre soutien, ni de votre aide », écrit le candidat à la présidentielle.

Il ajoute : « Maintenant, je vais faire une proposition aux personnalités de la gauche qui

---

45. « Des soutiens de Zemmour menacent dans une vidéo des membres de LFI, Macron et les "bougnoules" », Sébastien Bourdon, *Mediapart*, 20 décembre 2021.

aiment Robespierre et Lénine : faites la même chose que moi. Dénoncez définitivement les antifas qui me harcèlent. Déclarez publiquement que vous les condamnez sans appel, quoi qu'ils fassent. Je lance ce défi à Alexis Corbière et à Raquel Garrido. Je suis curieux de voir s'ils seront capables de le relever. »

CHAPITRE 38

L'OPPORTUNITÉ FACEBOOK

Dans sa conférence en ligne, Samuel Lafont prophétisait que, pour la campagne numérique, Facebook serait l'un des cœurs de la bataille finale. Il refusait d'en dire plus, mais invitait à prendre contact avec « Tom », un militant qui animait la discussion, ou avec « Éléonore », chargée des réseaux sociaux. Étant donné la stratégie souterraine mise en place sur Wikipédia, j'ai évidemment voulu voir ce qu'il en était des stratégies Facebook.

J'ai donc suivi le conseil du chef et fait part aux deux responsables de mon intérêt. Tom me dit « je relaye à Samuel Lafont ta demande ». Puis silence radio. Le 1er janvier, Éléonore m'ajoute sur les boucles Telegram « Action Facebook » et « J'agis pour Zemmour ». Elle me prévient qu'un certain Yann va prendre contact avec moi par téléphone pour m'en dire davantage.

En fin de journée, le fameux Yann, responsable des actions Facebook, m'envoie un message. « La stratégie que l'équipe de Zemmour veut mettre en place est d'investir le plus de groupes Facebook possible sur tous les thèmes et de publier sur ces groupes, commenter les publications avec du contenu sur Zemmour. Je vais t'envoyer une liste de catégories de groupes, pourrais-tu m'en donner trois ? Et je t'enverrai un ensemble de groupes à intégrer et sur lesquels publier. »

Depuis son profil Telegram, où Yann porte chemise blanche et cravate, il m'envoie un document listant les 97 thèmes ciblés : « Laurent Wauquiez », « Bonapartistes », « Natio-Poutine », « Juifs », « Musulmans », « Antivax », « Johnny », « Pêcheurs », « Coluche », « *Pékin Express* », « Cosmétique » ou encore « Pizza ». J'opte pour un choix éclectique : « Mylène Farmer », « Gauchos » et « Foot ».

Dans la foulée, Yann m'envoie des liens de groupes liés à mes thèmes : « La France insoumise », « Contre l'aéroport de Notre-Dame-des-Landes », « Avec Philippe Poutou », « Anticapitaliste », « Écosocialiste », mais aussi

« RC Lens », « Si toi aussi tu es supporter du Racing Club de Lens et fier de l'être », « Olympique lyonnais », « Olympique lyonnais Fans », « Olympique lyonnais à vie », ou encore « Mylène Farmer – Le Groupe, Fans de Mylène Farmer », « Mylène Farmer : Le Mythe français ». Pour les groupes d'extrême gauche, l'idée est sûrement de susciter un maximum de réactions. Côté foot, le choix de cibler Lens est-il lié au fait que ce club populaire évolue dans un bassin où le vote pour le Rassemblement national est fort ? Et pour Lyon, est-ce parce que le club est réputé avoir une frange de ses supporters estampillée « extrême droite » ? Pour Mylène Farmer, c'est plus mystérieux. Est-ce sa collaboration à un livre avec le philosophe Michel Onfray (en 2015) qui a motivé l'équipe de Zemmour à cibler ses fans ? Ou, plus simplement, le fait que ce soit l'une des chanteuses les plus populaires de l'Hexagone ? Ce ne sont que des réflexions, aucune certitude.

Yann m'envoie un dernier message, qu'il avait déjà publié sur la discussion « Action Facebook » : « Sur ces groupes, il faut que vous publiiez à fond du contenu sur EZ [Éric Zemmour] et commentiez les publications avec des liens vers le site d'EZ, des vidéos, lien vers l'adhésion. »

Il conseille de poster massivement, de faire des copier-coller avec les contenus partagés sur « J'agis pour Zemmour », voire de publier le même post sur vingt groupes. Et si on finit par se faire virer d'un groupe ? « Vous me le dites, et je vous en envoie un [autre]. » Pour que l'action soit plus efficace, Yann propose de privilégier les questions directes. Exemple donné : « Que pensez-vous de la déclaration de candidature d'EZ ? » Pourquoi des questions ? « Elles font réagir, commenter, et sont donc le plus efficace si vous voulez que votre post soit visible par le plus de monde », détaille-t-il.

Résumons. L'idée est de cibler toute une partie de la population en infiltrant des groupes. C'est cocasse de demander à un journaliste infiltré de se changer en militant infiltré. La différence notable, c'est que, moi, je vais rendre publique ma démarche pour que chacun puisse se faire un avis en disposant d'informations impossibles à obtenir autrement. Eux – je dis « eux » et non pas « nous », car je n'ai pas l'intention de publier quoi que ce soit sur ces groupes Facebook – avancent masqués afin de rester dissimulés.

Les conseils de Yann en poche, je remonte la conversation « J'agis pour Zemmour » à laquelle m'a ajouté Éléonore, ce qui me permet de voir que, entre début septembre et fin décembre 2021, le groupe est passé de 137 à 944 membres.

Le plus ancien message auquel je peux accéder date du 18 août 2021. Il émane de Samuel Lafont en personne. Parmi les premières images que le directeur de la stratégie numérique du Z propose de partager, il y a des détournements de cartes Pokémon. Puis, rapidement, je constate la portée – et le sérieux – de cette stratégie.

Sur la messagerie Telegram, le 19 août à 12 h 15, Samuel Lafont annonce une « mobilisation générale » avec le hashtag #STOPcensure, qu'il demande à tous les militants d'utiliser. En parallèle, il encourage à partager une pétition de soutien à son champion face à la censure qu'il subirait. Il enjoint les fidèles à « matraque[r] » les contenus qu'il fournit – des vidéos, des images et la pétition – pour passer en top tendance sur le réseau social Twitter. Qu'est-ce qu'une « top tendance » ? C'est un peu comme disposer d'une publicité massive et gratuite : vous êtes affiché par Twitter comme l'un des sujets les plus discutés du moment. Et donc les internautes en discutent encore plus, et les journalistes, très présents sur Twitter, finissent souvent par s'y intéresser, voire par écrire des articles ou en débattre sur les plateaux de télévision. Un cercle vertueux pour qui veut diffuser ses idées.

Une heure plus tard, le responsable communication numérique montre sa satisfaction par un « Ça prend bien », tout en demandant d'insister. Dès 13 h 47, Samuel Lafont invite à partager l'article de *Valeurs actuelles* intitulé : « Instagram bannit son compte, Zemmour dénonce une "décision arbitraire" et "la censure" des GAFAM ». À 14 heures, Lafont annonce que #STOPcensure est en cinquième position (« tendance 5 ») en France, et qu'il faut maintenant passer numéro 1. À 14 h 24, le Gilet jaune Benjamin Cauchy (qui a donc rejoint ce groupe dès le début de son existence) ironise sur le fait qu'« une petite bénévole du nom de Marine fait le taf », sous-entendant que Marine Le Pen elle-même entre dans la danse sur Twitter : « Quand la censure des réseaux sociaux muselle l'opposition, c'est notre démocratie qui est en danger. Je demande solennellement au gouvernement de réagir face aux suppressions des comptes de personnalités patriotes de la part de Facebook, Twitter et Instagram. MLP #STOPcensure ». Encore une fois, Samuel Lafont précise qu'il faut mettre le lien de la pétition « Je soutiens Zemmour » en dessous de « tous les gros tweets ».

À 15 heures, Lafont poste une phrase en gras : « Nous sommes à un tournant. » Il l'assure, #STOPcensure « est sur toutes les lèvres ». Et surtout, la presse reprend cette mobilisation, qu'il ne souhaite pas voir s'arrêter, car, si ses troupes s'arrêtent, #STOPcensure « va se tasser, il n'y aura pas d'autres reprises médias ». Pour inspirer son armée numérique, il publie des gifs du Z. Puis des articles du *Point*, du *Parisien* ou encore de *La Provence*. Une heure plus tard, le hashtag est sur le podium, en « tendance 3 », avec 8 000 tweets. À 17 heures, Samuel Lafont motive ses troupes : « On n'aura pas deux opportunités comme celle-ci de défendre et promouvoir notre champion. » Puis, il rappelle sur le groupe de militants qu'entre 18 heures et 19 heures, ce sont les moments les plus importants « pour savoir si une mobilisation va durer dans la soirée, et peut-être même jusqu'au lendemain ». Éric Zemmour tweete : « Ils peuvent me censurer, mais ils ne peuvent pas faire taire tout un peuple #STOPcensure ».

Le succès est au rendez-vous. Tous les médias (même l'AFP) se font le relais de cette mobilisation, dont *Le Figaro* qui, dans un article publié le jour même, note que « le hashtag #STOPcensure s'est affiché en haut des tendances sur Twitter » et que « plusieurs comptes relay[aient] des propos d'Éric Zemmour ». Le lendemain matin, le compte du Z est remis en ligne par Instagram, qui justifie sa disparition temporaire comme étant une suppression « par erreur ». Samuel Lafont jubile sur la conversation « J'agis pour Zemmour » : « Vraiment, un grand BRAVO. En plein mois d'août, Zemmour a été au centre de l'attention. Et nous avons gagné une bataille. » Place aux suivantes.

Des opérations similaires sont lancées lors du débat du Z contre Mélenchon (Samuel Lafont estime avoir emporté un succès, car le hashtag #ZemmourvsMélenchon s'est imposé devant #MélenchonvsZemmour) ou lorsque #LaDroiteavecZemmour finit douzième hashtag en France. Samuel Lafont ne cache pas sa satisfaction, avec toujours la même obsession pour l'effet médiatique. Le 27 août, il souligne : « Dites-vous bien que les journalistes l'ont vu. »

Cette armée numérique de l'ombre, l'équipe de Zemmour la mobilise à chaque temps fort de la précampagne, puis de la campagne. Si elle se montre aussi efficace malgré ses effectifs relativement restreint, c'est parce que certaines des opérations sont également relayées par d'autres groupes Telegram de GenZ. Mais aussi parce que, sur « J'agis pour Zemmour », Éléonore conseille bien souvent de publier cinq posts autour d'un même hashtag pour amplifier le phénomène.

À force de remonter toute la conversation, je comprends le *modus operandi* : annoncer une grosse mobilisation autour d'une action, publier des contenus très divers (afin de simuler l'existence de sources différentes) pour alimenter les réseaux sociaux, demander sans cesse aux militants d'inonder le Web, les motiver à la mi-journée en leur soulignant que le hashtag est en TT (« *trending topic* », soit « sujet tendance »), remobiliser les troupes pour s'assurer qu'entre 18 heures et 19 heures l'action soit bien visible et, enfin, remercier tout le monde pour son investissement. L'obsession de Samuel Lafont : saturer les réseaux sociaux et parfois même l'espace médiatique. Donner l'impression que des vagues spontanées se créent chaque fois. C'est la même idée avec la création de sites internet annonçant des soutiens émanant de diverses professions (les agriculteurs, les maires, les profs, les avocats, les militaires…) : laisser entendre qu'une lame de fond extrêmement large pousse la candidature d'Éric Zemmour. En réalité, ces mouvements sont coordonnés. La dynamique

Zemmour sur Internet est donc, du moins en partie, artificielle et à mettre au crédit de ces stratégies souterraines.

La mission confiée à cette armée numérique ne s'arrête pas là. Samuel et Éléonore publient régulièrement des sondages en ligne lancés par des médias : *TPMP* (*Touche pas à mon poste !*), « HugoDécrypte » (une émission sur YouTube lancée par Hugo Travers, journaliste issu de la nouvelle vague numérique), ou encore *Le Point* – pour qu'ils tournent en faveur du Z. Lorsque l'humoriste de France Inter Charline Vanhoenacker se filme en train d'ajouter au marqueur une moustache de Hitler sur une affiche du Z, le compte Twitter de l'émission *TPMP* publie sur le réseau social la question suivante : « Éric Zemmour grimé en Hitler : doit-on retirer Charline Vanhoenacker de l'antenne ? » Éléonore invite massivement les membres du groupe « J'agis pour Zemmour » à voter et à partager le sondage. Une fois le sondage fini, 69 % des 27 000 votants estiment que « oui », la présentatrice de France Inter doit être retirée de l'antenne.

Le 30 novembre 2021, un sondage du *Point* questionne : « Éric Zemmour a-t-il raison de se porter candidat à l'élection présidentielle ? » Relayé par Éléonore, il s'achève sur un résultat en faveur du candidat avec 58,5 % de « oui ». S'il est impossible de mesurer la part exacte d'influence des militants zemmouriens, il est raisonnable de penser que leur stratégie souterraine aide grandement à faire pencher la balance de leur côté.

Une chose me saute aux yeux. Il y a un point commun entre les méthodes de la cellule fantôme WikiZédia et celles de l'armée de l'ombre mobilisée sur Facebook : leur objectif est de faire passer des points de vue et des idées de militants zemmouriens pour quelque chose de massif, de « populaire », à la manière des Amis d'Éric Zemmour et de GZ, souvent présentés durant la précampagne comme des mouvements spontanés. Et, bien sûr, il y a aussi des procédés similaires. Ces deux entités avancent masquées. Comment qualifier l'infiltration de groupes Facebook divers et variés, la provocation de « vagues » artificielles de soutien ou de dénonciation sur les réseaux sociaux, l'obtention d'articles de presse commentant le caractère spontané de ces vagues, les résultats de sondages douteux ou encore la déformation de faits sur Wikipédia par une cellule fantôme ?

Il s'agit chaque fois de rendre visible le Z et de promouvoir ses idées, à tout prix. Quitte à jouer avec les faits. Dans cette guerre dont l'objectif est l'élection d'Éric Zemmour, peu importent les méthodes, seul compte le résultat.

Comment qualifier ces manœuvres ? Si elles ne paraissent pas être un modèle d'honnêteté intellectuelle, qu'en est-il juridiquement ? En la matière, l'article L. 97 du Code électoral permet par exemple de poursuivre quelqu'un pour diffusion de « fausses nouvelles » ou « manœuvres frauduleuses » : « Ceux qui, à l'aide de fausses nouvelles, bruits calomnieux ou autres manœuvres frauduleuses, auront surpris ou détourné des suffrages, déterminé un ou plusieurs électeurs à s'abstenir de voter, seront punis d'un emprisonnement d'un an et d'une amende de 15 000 euros. »

Il existe aussi une loi, promulguée en décembre 2018, surnommée « loi *fake news* » ou « loi infox ». Cette loi « contre la manipulation de l'information » prétend s'attaquer à la diffusion extrêmement rapide des fausses nouvelles sur Internet. L'avocat Jean-Christophe Ménard me précise : « Pour que le référé anti-*fake news* prévu par l'article L. 163-2 du Code électoral trouve à s'appliquer, il faut être en présence d'allégations ou d'imputations manifestement inexactes ou trompeuses (c'est-à-dire dénuées de tout lien avec des faits réels) qui soient de nature à altérer la sincérité du scrutin à venir. La publication doit être virale, massive et avoir occulté le débat électoral. Ces conditions étant cumulatives, elles sont difficiles à réunir, ce qui est compréhensible puisqu'il s'agit à travers cette procédure de permettre à un juge d'interférer dans le débat électoral. »

Comment faire la part des choses et déterminer où se situe la ligne jaune au-delà de laquelle une stratégie d'influence devient une manœuvre frauduleuse ? Personne ne peut répondre à ce questionnement alors même que les pratiques en cours influent de manière significative sur le fonctionnement de la démocratie.

Ignorant ces questionnements, la cellule fantôme WikiZédia se fixe de nouveaux objectifs le 27 décembre. « Antoine » propose cinq points, parmi lesquels : « zemmouriser les pages Wikipédia liées à notre programme » ; « zemmouriser par des sujets culturels et historiques, notamment par les références de la vidéo de candidature »…

Bref, « zemmouriser » l'encyclopédie. Gabriel, alias « Cheep », acquiesce et ajoute : « On se répartit les tâches ? »

CHAPITRE 39

LA « TRAHISON » DE CHEEP

Le 28 décembre, Samuel Lafont commet un petit péché d'orgueil. Fier des résultats de la campagne numérique du Z, qu'il dirige, il s'exprime dans un article du *Parisien* intitulé « Réseaux sociaux, Wikipédia, pétitions… Les secrets de la campagne numérique d'Éric Zemmour ». Le titre évoquant des « secrets » est exagéré, étant donné que la source quasi unique de cet article est… Samuel Lafont lui-même. Dans l'article, un seul passage concerne Wikipédia :

> « Parmi l'équipe numérique, une dizaine de personnes sont par exemple chargées spécifiquement de Wikipédia. Elles connaissent les usages de la communauté qui alimente la célèbre encyclopédie collaborative et y mènent une bataille d'image en

> veillant aux informations qui y sont relayées. Outre la page consacrée à Zemmour lui-même, l'équipe ne précise pas sur quels autres articles elle intervient de peur de provoquer immédiatement un raid en ligne de ses adversaires. »

Cet *outing* non prévu de la part du « Grand Chef » inquiète immédiatement les membres de la cellule WikiZédia. Le jour même de la publication de l'article, Gabriel-Cheep aborde le sujet sur la messagerie sécurisée Telegram de la cellule. « Lu sur la PDD [page de discussion] de l'article du Z : "On parle de l'entrisme des militants de Zemmour sur cette page (et d'autres)." » Gabriel-Cheep reproduit le passage de l'article du *Parisien* et ajoute : « Il va falloir probablement se pencher sérieusement sur le problème. » Les militants débattent des conséquences possibles, « Nicolanonyme » dit par exemple qu'il va « faire profil bas [et] éditer sur des sujets innocents, des livres, films, jeux ». Un peu plus loin, Gabriel-Cheep interpelle le chef sur ce problème : « [nouveau partage de la citation de l'article du *Parisien*] @SamuelLafont Grand Superviseur ».

*

Conversation sur la messagerie Telegram du 28 décembre :

Samuel Lafont (alias « Grand Chef ») : OK, ils vont s'en servir comment contre nous ?
Gabriel (alias « Cheep ») : Des contributeurs qui n'étaient pas présents vont commencer à surveiller la page et à y ajouter des éléments négatifs, je pense. Pour équilibrer (émoticône « sourire en coin »)
Nicolanonyme : Ils ne vont pas se « servir » de l'article, mais du coup ça les a alertés – même s'ils devaient s'en douter.
Gabriel-Cheep : J'ai noyé la phrase dans le paragraphe consacré à son staff de campagne.

[Gabriel-Cheep explique ici que, quitte à ce que cette histoire d'équipe dédiée à Wikipédia figure dans la page d'Éric Zemmour, autant essayer de « noyer » l'information négative à un endroit où elle serait moins visible, comme dans l'onglet parlant de son « staff de campagne », et non pas soulignée sous un onglet « Critiques et réactions », par exemple, voire un onglet spécifique. À l'heure où j'écris ces lignes, l'information figure toujours dans l'onglet « Équipe de campagne et ralliements ».]

Samuel Lafont : Très clair, merci !

[…]

Nicolanonyme : Pour faire diversion, on peut enrichir le portrait de SOS Racisme ?

*

Pour Jules, l'un des administrateurs de Wikipédia, la « trahison » de Cheep est complète. « Sur le plan wikipédien, son engagement (total) dans cette cellule, sur la durée, est une trahison : trahison des principes fondateurs (perceptible dans plusieurs de ses modifications et documentée grâce à ses propos au sein de la cellule) et trahison de la communauté. »

Une chose le rassure cependant : si « certaines modifications tendancieuses, mais relativement subtiles, sont vraisemblablement passées entre les mailles du filet », les modifications les plus problématiques (notamment le mensonge concernant le rôle dans la Shoah de Pétain et Laval) « ont été détectées et annulées très rapidement, et les mécanismes wikipédiens classiques ont bien fonctionné ».

En revanche, Jules s'inquiète des répercussions pour l'encyclopédie lorsque la duplicité de Cheep sera rendue publique. « Savoir qu'un contributeur aussi ancien et expérimenté a, ces derniers temps, joué double jeu de façon aussi malhonnête peut induire de la défiance entre contributeurs expérimentés. »

Sur Wikipédia, l'un des principes essentiels entre contributeurs est de supposer la bonne foi de l'autre. Or, pour échapper à une « RA » (« requête aux administrateurs » pouvant conduire à une suspension), Cheep avait mis en avant sa bonne foi. Autrement dit, en mentant sur ses véritables motivations et en occultant son appartenance à une cellule fantôme, il a évité la sanction en détournant l'un des principes phares de l'encyclopédie. Principe qu'il connaît sur le bout des doigts, étant donné son expérience.

Jules se souvient que, voilà quelques mois, il citait Cheep à une journaliste comme un exemple de « contributeur de qualité sur la thématique politique française ». « Il avait un prisme de droite perceptible (comme d'autres contributeurs de qualité en ont un de gauche, libéral, etc.), précise l'administrateur, mais il m'avait toujours semblé avoir à cœur de respecter les principes fondateurs de Wikipédia, en toute bonne foi et avec rigueur, bref, il m'avait toujours semblé intervenir dans une perspective encyclopédique, pas militante. »

En quelques mois, le militant a pris le pas sur le « contributeur de qualité ».

CHAPITRE 40

5, 4, 3, 2, 1...

« Nouvel An Z » : le 21 décembre, Margot, la policière du syndicat Alliance croisée lors d'une soirée au QG, m'ajoute à un nouveau groupe Telegram. Elle organise une soirée entre militants pour la Saint-Sylvestre. Nous sommes 104 dans le groupe de discussion, et les conversations sont sans filtre. Une certaine Laura réclame des chants militaires à partir de quatre heures du matin. Le cidre ? « Une des seules choses que les Chinois n'ont pas créées », estime Marc, un militant aux cheveux longs très actif, que Nathan a surnommé « le colleur fou », parce qu'il est capable d'aller poser des affiches jusqu'à six fois par semaine. Quand Laura tacle un militant en lui demandant de baisser d'un ton, celui-ci poste un dessin d'un homme frappant une femme avec le message « Silence chienne de femme ! »

31 décembre 2021, 17 heures. Comme le temps est clément, je parcours à vélo les vingt kilomètres qui me séparent du lieu de la fête : le Pavillon des berges, à Nanterre, une grande salle de réception située au milieu d'un parc bucolique. Je suis arrivé tôt pour donner un coup de main à Margot, qui, entre la location de la salle, la liste de courses et celle de la centaine d'invités attendus, a beaucoup donné ces derniers jours. Parmi les GenZ venus aider la policière, je reconnais Rayan le bachelier, visiblement content de me voir.

Margot me raconte que la soirée n'est pas estampillée « GZ », conformément aux ordres d'Hilaire et de Stanislas, qui ne pourront d'ailleurs pas être présents. Mais, même si les militants ont le droit d'inviter des amis, j'ai peu de doutes sur le fait que je ne rencontrerai pas beaucoup de sympathisants de gauche ce soir.

Après avoir beurré des toasts en cuisine, je sors fumer une cigarette. J'échange quelques mots avec Raphaël, un brun ventripotent de 30 ans chargé de la playlist de la soirée. Raphaël me raconte avoir failli inviter une fille ce soir, avant de se raviser – il n'avait aucune idée de ses opinions politiques. Les grands écarts politiques dans le couple, il connaît : son ex, avec qui il a rompu il y a peu, était proche de La France insoumise. Raphaël est juif et a passé plusieurs années dans un lycée français en Israël, avant de faire son service militaire sur place. Il y a deux ans, il est rentré en France pour les beaux yeux de son ancienne copine de gauche. « Avec tout ce qui passe avec le Z, je vais rester », assure-t-il.

Petit à petit, la salle se remplit. Thibaut, mon camarade policier, ne devrait pas tarder. En attendant, je sympathise avec Lucas, petit brun à lunettes et aux cheveux bouclés. Il travaille dans une entreprise de logiciels financiers qui lui fait faire des horaires à rallonge, alors il n'a pas donné beaucoup de son temps à GZ, me confie-t-il. À 29 ans, Lucas est l'un des patriarches de la soirée.

Près des petits-fours, j'aperçois Thibaut. Le policier porte un costume bleu marine, une chemise blanche et une cravate rouge. Nous allons le saluer, Lucas et moi. « Je t'ai pris un cigare », m'annonce Thibaut avec un large sourire. Je le remercie et lui présente Lucas. Thibaut a une grande nouvelle à m'annoncer. La semaine précédente, à l'enterrement de la mère de l'un de ses amis, il a de nouveau eu un déclic religieux dans une chapelle, à Versailles. « Je vais vraiment faire la démarche de me baptiser. »

Après avoir récupéré deux cigares dans la Renault de Thibaut, garée à deux pas du pavillon, nous nous installons autour d'une des tables blanches en métal de la terrasse. À l'intérieur, la soirée s'est remplie… de mecs. Au doigt mouillé, il semble y avoir deux tiers d'hommes pour un tiers de femmes. Un sondage réalisé par Ipsos-Sopra Steria pour *Le Monde*[46] vient d'ailleurs de pointer le retard qu'Éric Zemmour enregistre dans les intentions de vote chez les femmes. « Sept points d'écart séparent les intentions de vote des femmes et des hommes pour le polémiste », écrit le quotidien. Chez les moins de 35 ans, l'écart est abyssal : « 21 % des hommes se disent prêts à voter pour lui, contre 4,1 % des femmes ».

Thibaut m'explique comment fumer un cigare : « Il faut crapoter. Et quand tu tires, tu le tournes pour qu'il garde bien sa forme. »

---

46. « Éric Zemmour, du mépris des femmes à la hantise de l'immigration », Franck Johannès, *Le Monde*, 30 décembre 2021.

Après une grosse demi-heure à tirer sur nos cigares, nous voyons Margot marcher vers nous : « Tu peux venir ? me demande-t-elle. Je vais avoir besoin d'un coup de main ! » J'embarque Thibaut et Lucas avec moi. Au programme : laver la vaisselle et disposer sur les tables des plats de saumon, de charcuterie, de salade piémontaise et de taboulé. Comme une partie des alcools forts ont été cachés dans la cuisine, nous profitons de notre mission pour remplir nos gobelets de whisky-coca. Une fois nos tâches terminées, Lucas et moi retournons à l'extérieur. Une femme en robe moulante noire vient nous demander du feu. Je reconnais Laura, celle qui réclamait des chants militaires dans la conversation Telegram. Elle est vite rejointe par un certain Valentin, chargé d'assurer le service au bar. Sans trop que je sache pourquoi, le Valentin en question se met à réciter l'« homélie du père Attali », qu'il connaît sur le bout des doigts. Dans mes soirées entre potes, il y a toujours quelqu'un pour débiter le fameux « Il n'y a pas de bonnes ou de mauvaises situations » d'Édouard Baer, tiré du film *Astérix et Obélix : Mission Cléopâtre*. Après trois mois à fréquenter assidûment des militants GenZ, je constate que l'équivalent, chez eux, est de déclamer l'« homélie du père Attali ».

Sa prestation terminée, Valentin se plaint de la playlist diffusée. « Leur musique de pédés, depuis tout à l'heure, c'est bien mignon, mais ce qui compte… » Il sort son téléphone de sa poche et lance un morceau. Laura reconnaît la mélodie et s'apprête à chanter avec enthousiasme. « La main sur le cœur », lui conseille Valentin. Les deux amis entonnent un chant militaire en allemand durant une quinzaine de secondes avant de stopper la musique. « J'ai pas la réf' », je leur avoue naïvement. « La réf', c'est le Troisième Reich », me répond Laura, tandis que Valentin repart tenir le bar. Plus précisément, *Erika*, un morceau composé par Herms Niel et chanté par la Wehrmacht durant la Seconde Guerre mondiale.

Laura nous dresse la liste de ses convictions politiques passées : Mélenchon à 17 ans, puis l'Action française, « parce que c'était fun et que j'avais 18 ans ». Quand j'évoque les violences en marge du meeting de Villepinte, l'ancienne militante de l'AF estime que la question est simple : « S'il y a antifas, y a Zouaves. Le problème, c'est que les antifas sont là. » Je rétorque qu'on n'est pas obligés pour autant d'avoir des néonazis comme soutien. Ma remarque semble agacer Laura. « Si t'es pas d'accord avec ça, alors vas-y avec tes potes, à la place des Zouaves, me conseille-t-elle. Après, les Zouaves, c'est des ultras, ils font ça parce qu'ils kiffent ça. » Laura estime de toute façon que la sécurité à Villepinte était faible. La preuve ? Elle est entrée avec une gazeuse et un couteau. Quand j'insiste sur le fait qu'il n'en reste pas moins choquant que les Zouaves aient frappé des gens, Laura rejette la faute sur les militants de SOS Racisme :

— Ils ont provoqué. On ne va quand même pas laisser le champ libre à des gens qui viennent nous faire chier chez nous !

Lucas, plutôt silencieux jusque-là, finit par intervenir :

— Aujourd'hui, on n'accepte plus ce genre d'événements, alors que dans des meetings il y a quarante ans, ce serait arrivé et ce serait pas un sujet. Mon père, il a fait des meetings qui se passaient mal, et les gens n'en faisaient pas tout un plat. Aujourd'hui, t'as l'effet des médias pour trois torgnoles. Quand les communistes et les gaullistes se croisaient, avant, ils se faisaient pas des bises.

— J'assume totalement le fait que mes actes soient guidés par l'émotion, ajoute Laura. Quand je vois des antifas… j'ai la haine, en fait.

Je rétorque qu'il y a une différence entre le fait d'être en colère et celui de tabasser quelqu'un.

Elle me répond par un simple sourire, comme pour me faire comprendre qu'elle n'en voit pas, elle, de différence. Lucas explique que, même s'il est d'un tempérament calme, il ne faut pas venir le chercher. De toute façon, pour lui, les opposants au Z et les journalistes sont toujours en train de « chier sur le mouvement ». « Regarde, y a deux mois, ils parlaient d'agression sexuelle… » Le militant fait allusion aux révélations, sur les réseaux sociaux puis dans la presse[47], de témoignages de femmes accusant le polémiste d'agressions sexuelles. Les deux sympathisants GZ sont remontés et estiment que, puisqu'ils sont injustement traités, l'emploi de la force se justifie. « Franchement, on a beau être cathos, valeurs de droite, machin, moi, quand je vois l'autre connasse de SOS Racisme débarquer, ça part ! insiste Laura. Je suis très en colère. »

« Tout le monde dedans, c'est dans trente secondes ! » Un homme ouvre la porte du pavillon et met fin à nos discussions pour prévenir les fumeurs qu'il est l'heure d'entamer le traditionnel décompte de minuit : « 7, 6, 5, 4, 3, 2, 1… »

---

47. « Violences sexuelles : plusieurs femmes accusent Éric Zemmour », Lénaïg Bredoux, David Perrotin et Marine Turchi, *Mediapart*, 29 avril 2021.

Nous y voilà. 2022, année du changement, espèrent les militants. Thibaut me fait une accolade et me souhaite en hurlant une bonne année. Derrière nous, un groupe de jeunes militants claironne : « Zemmour président ! »

POSTFACE

Afin de permettre la publication du livre *Au cœur du Z* avant la fin de la campagne électorale, Vincent Bresson a dû stopper son immersion dans le courant du mois de janvier.

Du côté de la cellule WikiZédia, l'activité de ses membres continue. Le 9 janvier 2022, « QueyduQuébec » s'inquiète d'une éventuelle levée de la clandestinité de leur cellule : « Je pense que c'est important qu'on [n']accueille plus de nouveaux à moins d'être sûr à 90 % qu'ils sont vraiment de notre côté. Je pense que tu pourrais avoir un mec qui viendrait pour nous compromettre. Pour le projet WikiZédia. »

Le 17 janvier 2022, Éric Zemmour est condamné pour la troisième fois par la justice pour « provocation à la haine et à la violence » et « injures publiques envers un groupe de personnes en raison de leur origine ». Cette condamnation fait suite à des propos sur les mineurs isolés étrangers qu'il avait traités, le 29 novembre 2020, sur la chaîne CNews, de « voleurs », « violeurs » et « assassins ». Éric Zemmour a dénoncé « une condamnation idéologique et stupide » et a annoncé vouloir faire appel de cette décision.

REMERCIEMENTS

À mes incroyables éditeurs, Clara Tellier Savary,
Geoffrey Le Guilcher et Johann Zarca.
Leur confiance, leur bienveillance,
leur exigence et leur travail n'ont eu de cesse
de me rappeler que le journalisme
est un travail d'équipe.
Aux différents relecteurs et relectrices et aux
personnes qui ont contribué à ce livre :
Alice Andersen, Franck Berteau,
Camille Bauer, Christophe Bigot, Clément
Buée, Aurélie Carpentier, Marion Enguehard,
Fanny Leborgne, Lucie G., Laurent Ollivon,
Lou S., Florian Targa et Lætitia Zanettacci.
À mes proches, qui me soutiennent
dans mes projets.
À Esméralda, Bécane et Pielou.
À mon grand-père, ancien ouvrier,

qui m'a annoncé les yeux pétillants
qu'il n'aurait jamais imaginé que son petit-fils
écrive un jour pour *Le Monde*.
À mon autre grand-père, avec qui je partage
une passion pour l'écriture.
À ma grand-mère, analphabète,
à qui j'ai hâte de lire *Au cœur du Z*.
À mon autre grand-mère, grande lectrice, qui,
je l'espère, trouvera les caractères suffisamment
grands pour finir mon livre.

ISBN 979-10-96906-33-8
DÉPÔT LÉGAL : FÉVRIER 2022

Cet ouvrage a été achevé d'imprimer en février 2022
dans les ateliers de Normandie Roto Impression s.a.s.
61250 Lonrai (Orne)
N° d'imprimeur : 2200504

Imprimé en France